MERIAN *live!*

PIEMONT
TURIN LAGO MAGGIORE

Timo Lutz (Jahrgang 1977) ist erfahrener Reisejournalist. Der gebürtige Schwabe lebt seit über zehn Jahren in Italien und bereist das Piemont regelmäßig von seiner Wahlheimat Sardinien aus.

W0178940

Familientipps		FotoTipp	
Barrierefreie Unterkünfte		Ziele in der Umgebung	
Umweltbewusst Reisen		Faltkarte	

Preise für ein Doppelzimmer mit Frühstück:

€€€€ ab 160 €   €€€ ab 100 €
€€ ab 60 €   € bis 60 €

Preise für ein dreigängiges Menü ohne Getränke:

€€€€ ab 60 €   €€€ ab 35 €
€€ ab 20 €   € bis 20 €

INHALT

◄ Malerisch liegt das Castello Grinzane Cavour (► S. 108) in den Weinbergen.

Lago
Maggiore

Po-Ebene und
Biellese

Turin

Langhe und
Monferrato

Westalpen

Willkommen im Piemont

Das abwechslungsreiche Land am Fuße der Berge ist ein traditionsreiches Paradies für Genießer, Kulturbegeisterte, Aktivsportler und Naschkatzen.

Ein Abend im Mai. Die kleine Bergstraße erklimmt in engen Kurven die Voralpen von Biella. Nichts als Nebel um uns herum, selbst das Navi verliert sich auf der schmalen, undurchsichtigen Straße.

Am nächsten Morgen steigen wir hinauf zu der kleinen Bergkapelle San Bernardo im Naturschutzgebiet Oasi Zegna. Was uns erwartet, ist einfach atemberaubend. Der Nebel hat sich verzogen, die Luft ist klirrend kalt und glasklar. Vor uns liegt in seiner ganzen Breite das Piemont am Fuße der Berge: eine unendlich weit erscheinende, grüne Ebene, in deren Osten die gefluteten Reisfelder von Novara und Vercelli wie riesige

Spiegel in der Morgensonne glitzern. Am Horizont hängt der Morgendunst in den sanften Hügeln der Langhe und des Monferrato.

Grandiose Naturbühne

Von hier oben hat man den besten Rundumblick auf die zweitgrößte Region Italiens. Die Weite der Pianura Padana, die sich am Po entlang bis in die Lombardei zieht, wird umarmt von der Hochgebirgskette der Westalpen. Deren höchster Berg liegt hinter uns: Das gewaltige Massiv des Monte Rosa, das sich das Piemont mit dem Aosta-Tal teilt, hat seine Spitze in der Schweiz und ist die zweithöchste Erhebung der Alpen.

◄ Der seltene Alpensteinbock steht unter besonderem Schutz.

Mitten in diesem Naturtheater thront die bedeutendste Residenzstadt Italiens: das stolze Turin. Seit die Herzöge von Savoyen ihren Hof auf die damals unbedeutende Südseite der Alpen verlegten, stieg sie zu einem Juwel Norditaliens auf: Lustschlösser, Parks und Promenaden wie an den großen Königshöfen der Welt zeugen noch heute vom Aufstieg eines Herzogtums, das im 19. Jh. italienische und europäische Geschichte schrieb.

Luxus, Trüffel und Wein

Am Hofe der Savoyer durften Luxusgüter nicht fehlen. Südlich von Turin, wo die zerklüfteten Hügel langsam Richtung Ligurien aufsteigen, fand der Adel, was den Reichtum der Region ausmacht: edle Trüffeln und feinste Weine, die heute zahlreiche Urlauber in den Herbstmonaten in die Region locken. Von hier stammt auch einer der berühmtesten Rotweine der Welt, der Barolo, und sein kleiner Bruder, der Barbaresco. Das Meer an Weinbergen scheint hier so unendlich weit, dass die Flächen der Weingärten der Langhe und des Monferrato traditionell nicht in Hektar, sondern in Arbeitstagen eines Weinbauern gemessen wurden. Heute gehören die Hügel zwischen La Morra, Novello, Monforte d'Alba, Serralunga d'Alba, Castiglione Falletto und Grinzane Cavour zu den teuersten Weinbergen Italiens und sind ein begehrtes Investmentprojekt für Kenner, aber auch für Spekulanten. Ein Hektar kostet heute im Durchschnitt 600 000 €. Hier mit dem Cabrio, dem Rad oder zu Fuß die scheinbar endlosen Hügel zu erkunden, gehört zu einem unbezahlbar erhebenden Moment eines Urlaubs im Piemont.

Piemontesi, falsi e cortesi?

Die Savoyer errichteten im Piemont ihren absolutistischen Zentralstaat. Am Hofe waren Etikette und Stil das A und O. »Piemonteser, falsch und höflich« lautet deshalb ein weitverbreitetes italienisches Vorurteil über die Bewohner der Region zwischen Cuneo und Novara. Doch im krassen Gegensatz zum Prunk bei Hof stand das harte Leben in den Bergtälern der Alpen und den steilen Hügeln des Monferrato und Roero. Seit Jahrhunderten schaffen die Almbauern die kargen Erträge ihrer Bergwiesen ins Tal: Die großen Marktflecken Cuneo oder Domodossola zeugen noch heute von dem traditionellen Warentausch. Es lohnt, diesen zuvorkommenden und bodenständigen Menschenschlag zu entdecken.

Mediterranes Piemont

Ein Gefühl von ewigem Frühling kommt auf, wenn man aus den schneebedeckten Alpen in ein Gebiet reist, das so ganz anders ist als das restliche Piemont: der Lago Maggiore. Der riesige Alpensee, den das Piemont mit der italienischen Lombardei und dem eidgenössischen Kanton Tessin teilt, ist der Inbegriff von Dolce Vita. Flanieren, genießen, sich sehen lassen: Nirgendwo sonst im Piemont ist man diesem italienischen Traum nur wenige Kilometer diesseits der Schweizer Grenze so nah wie hier. Das einmalige Klima des Sees sorgt dafür, dass Palmen und Magnolien das Bella-Italia-Gefühl perfekt machen.

MERIAN TopTen

MERIAN zeigt Ihnen die Höhepunkte der Region: Das sollten Sie sich bei Ihrem Besuch im Piemont nicht entgehen lassen.

Das Piemont hält mit seinen vielfältigen Städten, Klöstern, Burgen und Schlössern für Freunde von Kunst, Kultur und Geschichte so manche Überraschung bereit, aber auch einzigartige Seen, nahezu endlose Kulturlandschaften und verwunschene Alpentäler warten auf Sie. Von faszinierender Schönheit sind die mittelalterlichen Städte und Burgen, die mit ihrer Pracht

aus der Vergangenheit nur darauf warten, entdeckt zu werden.

MERIAN TopTen 360°

Damit Sie sich vor Ort schneller orientieren können, finden Sie zu ausgewählten MERIAN TopTen auf den folgenden Seiten Umgebungskarten mit Restaurant-, Einkaufsempfehlungen und Tipps für weitere Sehenswürdigkeiten.

1 Piazza Castello, Turin
Der Schlossplatz vor dem
Königspalast bildet das Herz
der Stadt (▸ S. 38).

2 Museo Egizio, Turin
Die geheimnisvolle Welt der
Ägypter mitten in Turin (▸ S. 42).

3 Ciciu del Villar
Die sagenumwobenen
Erdsäulen sind ein sehr seltenes
geologisches Phänomen (▸ S. 53).

4 Mondovì
Von dem idyllischen Barock-
städtchen genießt man eine fantastische Sicht auf das Alpenvor-
land (▸ S. 53).

5 Saluzzo
Die schöne Altstadt ist ein
Freilichtmuseum mit Kirchen,
Burgen und Palästen (▸ S. 57).

6 Alba
In der Trüffelhauptstadt hat
der gute Geschmack das Sagen
(▸ S. 63).

7 Candelo
Die mittelalterliche Verteidigungsanlage ist heute mit Läden,
Künstlerateliers und Restaurants
belebt (▸ S. 86).

8 Isole Borromee
Die herrschaftlichen Inseln
im Lago Maggiore sind ein romantischer Italien-Traum (▸ S. 96).

9 Lago d'Orta
Mittelalterliches Flair am
Ortasee, eine Klosterinsel und
dazu ein Heiliger Berg (▸ S. 99).

10 Sacra di San Michele
Die wuchtige Festungs- und
Klosteranlage gilt als Wahrzeichen
des Piemont (▸ S. 110).

© MERIAN-Kartograph

360° Turin

MERIAN TopTen

⭐ **Piazza Castello**
Hier liegen traditionelle Kaffeehäuser, ein prächtiger Königspalast, das Kastell und eine geheimnisvolle Kuppelkirche. Rund um den Platz gibt es Einkaufsgalerien und -straßen (▸ S. 38).

⭐ **Museo Egizio**
Papyrus, Mumien, Sarkophage: Die ägyptische Sammlung ist in Europa einzigartig (▸ S. 42).
Via Accademia delle Scienze 6

SEHENSWERTES

① Lingotto
Eine Rennbahn hoch über den Dächern von Turin, hochwertige Kunst und eine riesige Slowfood-Einkaufsmeile gibt es in den ehemaligen FIAT-Werken (▸ S. 36).
Via Nizza 230/103

② Mole Antonelliana
Der riesige Pavillon am Rande der Altstadt galt einst als höchstes Ziegelsteingebäude der Welt, ein gläserner Aufzug fährt durch die

Kuppel bis auf die Aussichtsplatt-form. Heute ist hier ein Filmmuseum untergebracht (▸ S. 36).
Via Montebello 20

ESSEN UND TRINKEN

3 Caffè San Carlo
Espresso und Bicerin können Sie wie anno dazumal in den ehrenwerten Stucksälen genießen. In dem Kaffeehaus wurde der intellektuelle Grundstein für das Risorgimento gelegt (▸ S. 45).
Piazza San Carlo

AM ABEND

4 San Salvario
In dem quirligen Multikulti-Viertel südöstlich des Bahnhofs Porta Nuova reiht sich eine Szene-Kneipe an die nächste (▸ S. 46).

AKTIVITÄTEN

5 Torino 500
Einmaliger Kurztrip in liebevoll hergerichteten FIAT-Oldtimern durch die italienische Autostadt (▸ MERIAN Tipp, S. 15).
Caffè dei Reali • Via Fiochetto 39

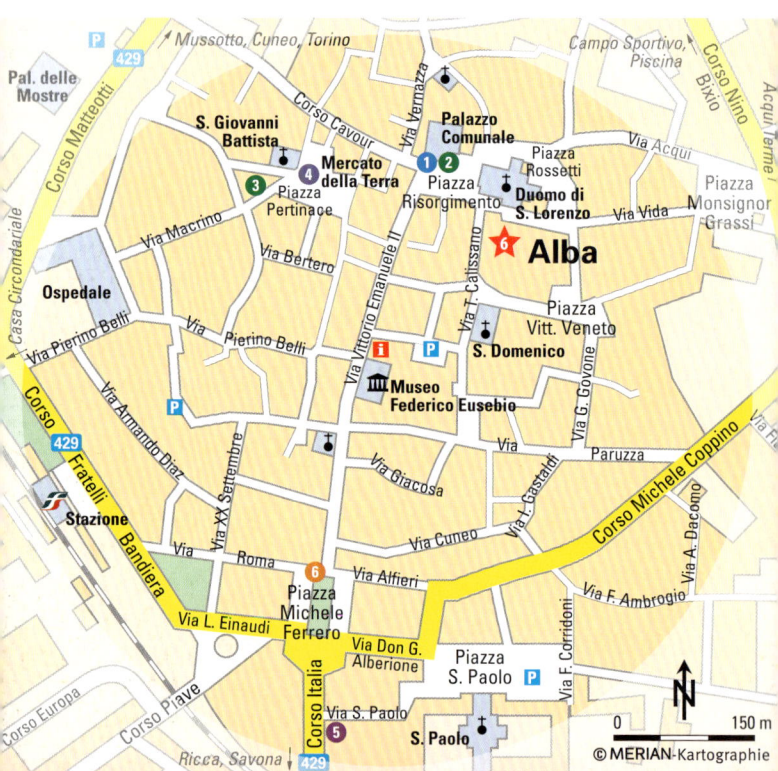

360° Alba

MERIAN TopTen

⭐**6** **Alba**
Die Trüffelhauptstadt Italiens
lockt zu jeder Jahreszeit Feinschmecker und Pilzfreunde in das
Zentrum der Langhe (▸ S. 63).

SEHENSWERTES

1 **Piazza Risorgimento**
Auf der zentralen Piazza steht
der wuchtige, mehrfach umgebaute Dom von Alba, und es finden
hier regelmäßig Schlemmerevents
statt (▸ S. 64).

ESSEN UND TRINKEN

2 **Fiera del Tartufo**
Im Oktober bricht das Trüffelfieber aus: Dann sind rund um Alba die Freunde der weißen und
schwarzen Knolle auf den Beinen.
Dafür reisen Feinschmecker aus
der ganzen Welt an (▸ S. 64).
Piazza Risorgimento und Medford

3 **Osteria dei Sognatori**
In der romantischen Schman-
kerlgasse kann man im Bistrot dei
Sognatori den Aperitif nehmen, im

Pastificio frische Pasta und Brot erstehen und in der urigen Osteria selbst deftig nach piemontesischer Art schlemmen (▸ S. 64).
Via Macrino 8

EINKAUFEN

4 **Mercato della Terra**
Auf dem Slow-Food-Markt bekommt man erstklassige Lebensmittel direkt vom Erzeuger, von Bio-Wurst über Käse bis zu Nussnougat-Creme und Honig (▸ S. 63).
Piazza Pertinace

AM ABEND

5 **soda Organic Food & F*cking good Drinks**
Leckere Drinks, vegane Smoothies und vegetarische Küche (▸ S. 65).
Corso Italia 6

AKTIVITÄTEN

6 **Touren in die Weinberge**
Mit Drahtesel, Vespa oder dem Cabrio geht es in die Hügel und Berge der berühmtesten Weinanbaugebiete Italiens (▸ S. 52).
www.insitetours.eu

360° Lago Maggiore

MERIAN TopTen

8 Isole Borromee

Auf den beiden Inseln im Lago Maggiore ließ die adlige Familie der Borromeo sich traumhafte Gärten anlegen und zauberhafte Schlösser errichten (▸ S. 96).

Isola Madre, Isola Bella

SEHENSWERTES

1 Isola dei Pescatori

Besonders schön ist es auf dieser kleinen Fischerinsel in den frühen Abendstunden, wenn man fast ganz alleine durch die romantischen, schmalen Gässchen spazieren kann (▸ S. 95).

2 Stresa

Südländisches Flair und majestätische Seeterrassen – hier können Sie wunderbar flanieren und genießen (▸ S. 98).

ESSEN UND TRINKEN

3 La Rampolina

In der urigen Osteria hat man einen wunderbaren Seeblick und

kann sich in der Bottega mit leckeren lokalen Spezialitäten eindecken (▸ S. 98).

Campino di Stresa • Via per Someroro 13

4 **Ristorante Casabella**
Von der sagenhaften Terrasse im ersten Stock genießt man einen wunderbaren Seeblick, während man sich italienische Spitzenküche schmecken lassen kann (▸ S. 96).

Isola dei Pescatori • Via del Marinaio 1

AKTIVITÄTEN

5 **Alpyland**
Hoch über Stresa donnert im Vergnügungspark auf dem Mottarone ein Bob ins Tal (▸ S. 31).

Bei Stresa • Mottarone

6 **Lago Maggiore Express**
Auf dem Ausflugsboot geht es ab Stresa vorbei an den Seeinseln bis auf die Ostseite des Sees. Ab Locarno rattert eine Schmalspurbahn durch das Schweizer Alpental Centovalli (▸ S. 111).

2

MERIAN Tipps

Mit MERIAN mehr erleben. Nehmen Sie teil am Leben der Region und entdecken Sie das Piemont, wie es nur Einheimische kennen.

★ 1 Nordic Walking im Piemont 📖 F 4, E 7 u. a.

Die Feld- und Winzerwege der Langhe und des Monferrato sind ein wahres Paradies für Nordic-Walking-Fans. Auch die alten Maultierpfade und Wanderwege, die sich an den sanften Hängen über dem Lago Maggiore entlangschlängeln, sind bei Walkern beliebt. Der Fremdenverkehrsverband hat einige Tourenvorschläge zusammengestellt. Rund um den Ort Ghemme sind einige Nordic-Walking-Touren verschiedener Schwierigkeitsgrade durch die Weinberge markiert. Ambitionierte Walker können Ende September am Trail del Moscato durch die Weingärten rund um Santo Stefano Belbo teilnehmen.

www.distrettolaghi.it/de/percorsi, www.dynamic-center.it/eventi

2 Reggia di Venaria Reale C 5

Die Savoyer wollten dem Adel der Welt zeigen, was sie vollbringen können: Zehn Jahre vor Versailles entstand vor den Toren Turins ein barockes Jagd- und Lustschloss mit gigantischen Ausmaßen und einer Gartenanlage, die bis an den Alpenrand reichte. Für eine Rundfahrt braucht die kleine Touristenbahn La Freccia di Diana 25 Minuten. Das lange als Militärkaserne missbrauchte und frisch renovierte Schloss erstaunt mit dem über 80 m langen prächtigen Festsaal Galleria Grande des Barockmeisters Filippo Juvarra. In den riesigen Stallungen finden regelmäßig hochkarätige Wechselausstellungen statt, und auf dem ehemaligen Fischteich können Groß und Klein mit einer venezianischen Gondel fahren.
Venaria Reale • Tel. 01 14 99 23 33 • www.lavenaria.it • Di–Fr 10–18, Sa, So 10–20 Uhr • Eintritt 25 €, Kinder 1 €, nur Schloss und Gärten 20 €, Kinder 12 €

3 Turin im FIAT-500-Oldtimer erkunden D 5

Wer die Autostadt Turin in der legendären Knutschkugel erkunden will, dem stehen ein FIAT 500F von 1965, der 500R von 1973 und – das Symbol des italienischen Wirtschaftswunders schlechthin – La Grande 600D (1963) zur Auswahl. Inklusive sind eine Probefahrt im Hinterhof sowie Insidertipps zur besten City-Tour.
Torino 500 • Turin, Caffè dei Reali, Via Fiochetto 39 • Tel. 01 14 36 88 88 • www.torino500.it • 100 €/2 Stunden inkl. Einführung und Treibstoff

4 Entspannen im einsamen Maira-Tal B 8

Die deutsch-piemontesische Herberge von Maria Schneider gehört zu den Institutionen des Maira-Tals: Die rüstige Kölnerin hat sich im Laufe der Jahrzehnte einen kleinen Weiler zusammengekauft und die alten Schieferhäuser au-

ßen originalgetreu erhalten und innen modern renoviert. Im Panoramarestaurant mit Blick in das Tal wird abends piemontesisch geschlemmt. Vom Schlafsaal bis zu kleinen Apartments, von Ausstellungen bis zu Selbstfindungsseminaren wird fast alles geboten.
Centro Culturale Borgata • Stroppo, San Martino Inferiore • Tel. 01 71 99 91 86 • www.borgata-sanmartino.eu • 10 Zimmer • €

5 Atemberaubender Aufstieg in die Riesenkuppel D 8

Bei diesem Aufstieg schlägt selbst bei schwindelfreien Zeitgenossen das Herz schneller: Mit Helm und Sicherungsgurt und zwischen engen Stahlträgern hindurch geht es in Vicoforte in die höchste elliptische Kuppel der Welt. Aus nächster Nähe spaziert man in 50 m Höhe direkt unter dem Kuppelfresko entlang und dann in 75 m Höhe hinauf in die Kuppellaterne.

Vicoforte, Santuario • Tel. 01 73 36 34 80 • www.magnificat2015.com • Mai–Okt. Di–Sa 9–16.30, So 11.30–14 Uhr • 15 €, Kinder 10 €

⭐ 6 Wein und Panorama in Barbaresco   📖 E 7

Am schönsten ist die Fahrt nach Barbaresco im Oktober, wenn die endlosen Weinberge links und rechts der Kammstraße in bunten Herbstfarben leuchten, die Sonne vom blauen Himmel strahlt und in der Ferne die schneebedeckten Alpen glitzern. Den besten Blick auf den »Indian Summer« des Piemont hat man von Barbarescos spektakulär restauriertem mittelalterlichem Stadtturm, der auf einem Felssturz hoch über dem Tànaro-Tal liegt. Der öffentliche Weinkeller Enoteca Regionale ist in der ehemaligen Barockkirche von San Donato untergebracht. Hier kann man den kräftigen Barbaresco-Wein probieren. Die Traube ist ein wenig bekannter Verwandter des Barolo und gehört zu den besten Weinen Italiens.

– Enoteca Regionale del Barbaresco • Piazza del Municipio 7 • Tel. 01 73 63 52 51 • Mo–Sa 10–19, So 10–13 und 14–19 Uhr, im Jan. geschl.
– Torre di Barbaresco • Tel. 33 39 04 01 35 • tgl. 10–13 und 14–19 Uhr • Eintritt 5 €, Kinder 4 €
11 km nordöstl. von Alba

⭐ 7 Außergewöhnlich nächtigen in Monforte   📖 D 7

Das ungewöhnlichste Hotel der Langhe befindet sich in mehreren unscheinbaren Altstadtgebäuden. In den mittelalterlichen, nur mit

Kerzen beleuchteten Gemäuern spannen sich gläserne Geländer und Wendeltreppen aus Blech über alte Zisternen, und wuchtige Himmelbetten hängen an Stahlträgern von der Decke. Die meisten Zimmer haben einen Kamin. Im Restaurant speist man vor dem alten Holzofen oder in schwindelerregender Höhe auf einem gläsernen Podest. Der verstaubte Weinkeller sieht aus wie eine mittelalterliche Filmkulisse und bewahrt echte Premium-Weine.

Le Case della Saracca • Monforte d'Alba, Via Cavour 5 • Tel. 01 73 78 92 22 • www.saracca.com • 6 Zimmer • €€€

8 Erlebnisgastronomie auf Piemontesisch 📖 D 7

Ein Essen hier ist ein abendfüllendes Programm: Das Menü ist fix, Kellnerin Tania tischt ein piemontesisches Gericht nach dem anderen auf, und zu jedem Teller wird ein passendes Glas Spitzenwein gereicht – aus der großen Magnum-Flasche, versteht sich. Das Ambiente ist schick, aber laut. Die Käsetheke bietet 70 Sorten!

Osteria delle Aie • Castellinaldo, Via Roma 29 • Tel. 01 73 21 30 98 • www. facebook.com/OsteriaDelleAie • Mi–Mo 20–23 Uhr • €€€

9 Schlemmen am Lago Maggiore 📖 F 2

Angefangen hat Eros Buratti als Käseveredler, und noch heute zieht er zu den Bergbauern, um die besten Schafs- und Ziegenkäsesorten einzukaufen und in seinen Kellergewölben reifen zu lassen. Seine kleine Bottega am Hauptplatz von Intra ist ein wahres Schlaraffenland für Feinschmecker: Hier hängen reife Schinken von der Decke, und die Regale brechen schier unter der Last von Würsten, Reis, Wein, Grappa, Eingelegtem und Eingemachtem zusammen. Alles kann man verkosten, und Eros kommt persönlich zum Plausch vorbei – nicht selten nehmen seine Gäste den Wein kistenweise mit nach Hause!

Formaggi di Eros • Verbania-Intra, Piazza Ranzoni 19 • Tel. 03 23 58 11 23 • www.formaggidieros.it • Do–Di 8–23, Mi 8–19 Uhr • €€

10 Zauberschloss Villa Margherita 📖 F/G 2

Traumblick auf den Lago Maggiore, grüne Terrassengärten mit hohen Palmen und kleine Winkel zum Relaxen, ein Pool für die Erfrischung zwischendurch – hier ist man am Ziel seiner Träume angelangt. Dolce Vita pur in einer Villa aus dem 19. Jh. Unbedingt ein Zimmer mit Blick zum See buchen!

Oggebbio, Via Giovanni Polli 11 • Tel. 03 23 49 10 06 • www.villa-margherita.it • 18 Zimmer • €€€ 4 km südl. von Cannero Riviera

Die Arkaden an der Via Roma in Turin verlocken zum Shoppen und zu einer Kaffeepause mit Blick auf die Piazza San Carlo (▶ S. 38).

Zu Gast im **Piemont**

Erstklassige Küche, charmante Unterkünfte von einfachen Berghütten bis zu edlen Weingütern und sportliche Highlights. Das Piemont lädt zu abwechslungsreichen Ferien ein.

Übernachten

Piemont-Urlauber können sich exklusive Villen mit Blick auf den Lago Maggiore gönnen, in urigen Berghütten nächtigen oder in originellen Stadthotels unterkommen.

◄ Schlafen im Kloster bietet das San Giovanni Resort in Saluzzo (▶ S. 58).

Die Mehrzahl der Hotels im Piemont ist im Familienbesitz, nur einige exklusive Anwesen gehören internationalen Investoren. In Turin ist der Hotelmarkt fest in der Hand großer Hotelketten, die in erster Linie auf Geschäftsreisende ausgerichtet sind. Deshalb lohnt ein Besuch der Metropole insbesondere am Wochenende, wenn die Hotelpreise sinken. Am Lago Maggiore sollte man fast zu jeder Jahreszeit frühzeitig buchen. In den Langhe von Alba bis Asti sind dagegen vor allem die Monate September bis November gefragt. In den Wintersportorten wie Sestriere und Limone Piemonte boomt die Saison von Weihnachten bis Ostern.

Urlaub individuell

Wer es ländlich mag, sollte es einmal mit **Agriturismo** versuchen. Dort ist man familiär, aber professionell untergebracht und kann nicht selten die exzellenten Weine des Piemont direkt beim Weinbauern kosten.
Besonders günstig sind Privatzimmer in **Bed-and-Breakfast**-Unterkünften: Sie haben maximal drei Zimmer und sind familiengeführt, allerdings schwankt die Qualität sehr stark (www.bed-and-breakfast.it).
Wer Tipps vom Profi sucht und individuell betreut werden möchte, ist bei dem **Veranstalter** Piemont Pur (www.piemont-pur.de) in den richtigen Händen. Dort hat man nicht nur Unterkunftstipps vor allem für die Langhe, das Monferrato und die Westalpen parat, sondern organisiert auch Workshops für Weinfreunde, Trüffelsuche bei Vollmond, Wanderungen durch die Weinberge des Barolo und Kochkurse mit Einkaufstouren auf den Märkten von Alba und Cuneo.
Schutzhütten für Wanderer gibt es in allen Alpentälern, die meisten sind in einem Verein zusammengefasst (www.rifugidelpiemonte.it). Im Maira-Tal kann man Schlafplätze unter www.percorsioccitani.com reservieren. Zum Camping ▶ S. 31.
Ein Komplettverzeichnis aller Unterkünfte im Piemont gibt es auf www.piemonteitalia.eu/de/dormire.html und www.bookingpiemonte.it.

Privatunterkünfte

Eine günstige Alternative sind auch Privatzimmer und Apartments direkt vom Eigentümer. Über die Internetportale www.airbnb.com und www.wimdu.de werden Unterkünfte in allen Preisklassen und Stilrichtungen angeboten, von schlichten Mansardenwohnungen oder edlen Designer-Lofts in Turin bis hin zum Mini-Apartment auf der Isola Superiore oder der Seeblick-Villa am Lago Maggiore.

Frühstück nicht nur all'italiana

Das traditionelle Frühstück (»prima colazione«) mit Espresso und einem Croissant fällt relativ mager aus, aber vor allem am Alpenrand und in den Langhe hat man sich auf die ausgiebigen Frühstückswünsche der mitteleuropäischen Gäste eingestellt.

Empfehlenswerte Hotels und andere Unterkünfte finden Sie bei den Orten im Kapitel ▶ **Unterwegs im Piemont.**

Preise für ein Doppelzimmer mit Frühstück:

€€€€	ab 160 €	€€€	ab 100 €
€€	ab 60 €	€	bis 60 €

Essen und Trinken

Das Piemont lockt mit kräftigen Weinen, Pasta, Fleisch-
gerichten, vielfältigen Käsesorten und leckeren Süßspeisen.
König der Küche ist jedoch der edle Trüffel.

◂ Das Piemont ist Heimat ausgezeichneter Käsesorten (▸ S. 24).

Ob würziger Käse, kräftiger Wein, deftige Fleischgerichte oder feine Gourmet-Küche – das Piemont ist Italiens Kulinaria-Region. Beinahe 40 Restaurants zwischen dem Lago Maggiore und den Hügeln der Region Langhe tragen mindestens einen Michelin-Stern. Nirgendwo anders in Italien achtet man so sehr auf Herkunft und Qualität. Das Piemont ist auch die Geburtsstätte der Slow-Food-Bewegung, die sich inzwischen weltweit als Vereinigung von bewussten Genießern und Konsumenten etabliert hat. 2007 öffnete in Turin das erste Eataly-Geschäft, das ausschließlich fair produzierte Qualitätsprodukte verkauft.

Antipasti und Aperitivo

Das piemontesische Nationalgericht »**bagna cauda**«, eine kräftige, dicke Soße aus Sardellen, Öl und Knoblauch wird traditionell zu Gemüse zum Tunken gereicht.

Aus Mailand stammt nicht nur der Trend des Aperitivo, sondern auch der des »**apericena**« (Aperitif plus Abendessen): Zu einem Glas Wein oder einem Aperol Spritz wird ein großes Antipasti-Buffet aufgebaut, an dem man sich nach Herzenslust an Vorspeisen bedienen kann.

Auf keinem Tisch dürfen »**grissini torinesi**« fehlen. Der Legende nach wurden die dünnen Weißbrotstangen am Hofe der Savoyer erfunden.

Reis, Pasta, Fleisch und Co.

Das Piemont ist Reis-Land: Zwischen Vercelli und Novara erstrecken sich die Reisfelder, so weit das Auge reicht, und in der Küche werden aus den Körnern deftige Eintöpfe und feine Reisgerichte gemacht. **Risotto** »al Barolo« (mit Barolo-Wein) oder »al tartufo« (oft mit würzigem Castelmagno-Bergkäse und Haselnüssen) stehen vor allem im Herbst und Winter auf der Speisekarte, im Frühjahr werden im Risotto auch gern Froschschenkel mitgegart (»risotto alle rane«).

Pasta-Fans seien die »**agnolotti**«, das sind Mini-Ravioli mit Fleischfüllung, empfohlen, angerichtet mit Butter und Salbei oder Fleisch- und Bratensoße.

Auf vielen Speisekarten steht das »**battuta al coltello di fassone piemontese**« – mageres Rindfleischtartar mit Pfeffer und Salz und allen Variationen, die sich der Koch einfallen lässt. Ein typisches Sommergericht in Turin und im Monferrato ist der »**tonno di coniglio**«, in Öl und Kräuter eingelegtes Kaninchenfleisch, dessen Geschmack an zarten Thunfisch erinnert. Im Herbst kommen in den Langhe »**arrosto alle nocciole**« (Kalbsbraten mit Haselnüssen) oder »**brasato al Barolo**« (in gutem Wein gekochter Schmorbraten) auf den Tisch. Auch **Sardellen** stehen im Piemont häufig auf dem traditionellen Speiseplan, was von der seit jeher regen Handelstätigkeit mit der Nachbarregion Ligurien zeugt. In den Bergtälern und am Lago Maggiore serviert man hingehen **Forelle** und **Süßwasserfisch**.

Trüffel für alle

Trüffel ist traditionell die Luxusspezialität des Adels. Heute lockt die unterirdisch wachsende Pilzart unzählige Feinschmecker im Herbst auf die Trüffelmessen **Fiera del Tartufo** in Alba und Moncalvo. Am besten entfaltet sich der Duft des hauchdünn gehobelten Pilzes auf frischen, dampfend heißen Tajarin, den hauchdünnen Pastanudeln aus den Langhe. Während der weiße Trüffel recht häufig zu finden ist, ist der schwarze **tartufo nero**« so begehrt wie teuer: Kilopreise von 300 bis 400 € sind keine Seltenheit, dafür reichen wenige Gramm für ein einmaliges Geschmackserlebnis.

Käse in allen Variationen

Die Käsekultur im Piemont steht derer der französischen Nachbarn in nichts nach. Fast jedes Bergtal hat seine eigene Sorte, egal ob frisch, hart, weich oder aus Rohmilch. Man sollte nie nur einen Käse probieren und immer streng die Reihenfolge einhalten, in der er serviert wird. Der bekannteste Käse der Region ist der »**toma piemontese**«. Die kleine Frischkäsevariante »**tomino**« wird gern deftig angemacht serviert. Der frische Ziegenkäse »**robiola**« wird in Feigen-, Kastanien- oder Wirsingblätter gewickelt, der delikate »**murazzano**« hingegen aus Rohmilch gemacht. Mit der Herkunftsbezeichnung DOP wird rund um Cuneo der »**bra**« hergestellt, entweder frisch als weicher »**bra tenero**« oder als Hartkäse. Dagegen stammt der würzige **Bettelmatt** aus den Walsertälern. Zum guten Schluss in der Käsereihenfolge stehen die Blauschimmelkäsesorten: »**blu della casera**«, aber auch der **Gorgonzola** gehört in die piemontesische Käsetheke.

Weine mit Charakter

Unterhält man sich im Piemont mit Winzern und Weinkennern über ihre Trauben, könnte man glauben, sie sprächen über einen alten Bekannten: Wein hat Charakter, ist launisch, wetterfühlig, eigenwillig und muss Traube für Traube gepflegt und gehätschelt werden. Die Hügel der Langhe und Monferrato sind aufgefaltetes Sedimentgestein, sodass jeder Bergkamm und jedes Tal eine Vielfalt von Erden aufweist, die den kräftigen Weinen Charakter geben, der sich von Weinberg zu Weinberg unterscheidet.

Die berühmtesten Weine des Piemont sind der **Barolo** und der **Barbaresco** (▸ S. 27). Weniger bekannte Weinregionen sind die Hügel nördlich von Novara und Turin.

Fruchtiges und Süßes

Im Flachland am Rande der Alpentäler fährt man kilometerweit an Apfel-, Kiwi- und Birnenplantagen entlang. In den höheren Hügelregionen der Langhe reifen die kugelrunden echten Piemonter Haselnüsse; **La Nocciola Piemonte IGP** gilt unter Kennern als Hochgenuss. In der Küche macht man daraus Nusstorte, »torta di giuanduia«, oder Halbgefrorenes (»semifreddo di nocciole«). 1945 experimentierte der Feinbäcker Pietro Ferrero in Alba mit Haselnusscreme und Schokolade und erfand so seinen weltberühmten Brotaufstrich. Nutella-Freunde werden allerdings enttäuscht sein: Die Nüsse für die braune Nussnougatcreme stammen heute meist aus der Türkei. Auch die Piemont-Kirsche wird man vergebens suchen: Der Name der Kirschsorte entstammt der Marketingabteilung des Süßwarenherstellers.

Schon am Hofe der Savoyer wurde im 17. Jh. die Weinschaumcreme **Zabaione** aus Eigelb, Zucker und Marsala gereicht. Stilgerecht wird sie

Turin, die Hauptstadt des Piemont, ist berühmt für seine legendären Kaffeehäuser, darunter das Caffè Al Bicerin (▶ S. 39).

im Glas und mit Biskuits als Beilage serviert, z. B. »baci di dama«, leckere Plätzchen mit Cremefüllung, »canestrelli« oder »krumiri«. Auch die Basis für **Tiramisù** stammt aus dem Piemont. Der Löffelbiskuit heißt in Italien »savoiardi« und wurde am Hof des Herzogs erfunden.

Restaurants und Öffnungszeiten

Die Bezeichnung Ristorante steht für vornehme Restaurants. Die Weinlokale Osterie und Trattorie servieren meist einfachere Gerichte, Agritu-

rismo-Höfe bereiten traditionell vor allem Speisen mit Zutaten aus eigenem Anbau zu. Die meisten Restaurants öffnen von 12–14 und 19.30–22 Uhr, in der Regel gibt es einen Ruhetag pro Woche und nicht alle öffnen sonntagabends.

Empfehlenswerte Restaurants finden Sie bei den Orten im Kapitel ▶ **Unterwegs im Piemont.**

Preise für ein dreigängiges Menü:

€€€€	ab 60 €	€€€	ab 35 €
€€	ab 20 €	€	bis 20 €

Einkaufen

Shopping in großen Outlets, traditionelles Handwerk aus Biella und Antiquitäten aus Turin stehen hoch im Kurs. Das beliebteste Mitbringsel sind jedoch hochwertige Weine.

◄ Der berühmte Borsalino-Hut wird von Hand in Alessandria gefertigt (► S. 75).

Das Piemont ist ein Einkaufsparadies: Rund um Biella, Turin und entlang der Autobahnen gibt es Outlet-Stores, in denen edle italienische Mode zu reduzierten Preisen angeboten wird. Schnäppchenjäger können aber vor allem bei den »saldi«, dem Schlussverkauf Anfang Januar und Anfang Juli, besonders günstige Teile erstehen.

Der traditionsreiche Borsalino-Hut, bis heute aus federleichtem Haarfilz gefertigt, stammt aus Alessandria, ist aber in allen größeren Städten des Piemont zu haben. In den Alpentälern hat das Holzschnitzerhandwerk Tradition. Wertvolle Keramik gibt es in Monviso. Feine Spitzendecken werden auch heute noch von Hand in Biella und im Valsesia gefertigt.

Barolo und Co.

Wer im Piemont Urlaub macht, darf nicht ohne ein paar Flaschen Wein nach Hause kommen. Der rote König des Piemont ist die kräftige Nebbiolo-Traube: Aus ihr wird der **Barolo** gekeltert, der zu den berühmtesten Exportprodukten der Langhe zählt und selten für unter 25 € pro Flasche zu haben ist. Aber auch der günstigere und häufig weniger gute **Barbaresco** sowie der **Gattinara** und **Ghemme** stammen aus der schweren Nebbiolo-Traube. Der **Barbera**, der jung getrunken und oft auch als leicht prickelnder Tafelwein »Barbera vivace« serviert wird, führte lange ein Schattendasein. Der **Dolcetto** ist entgegen seinem Namen ein trockener Rotwein und passt ganz wunderbar zu Wurst und Käse.

Über die Grenzen Italiens hinaus bekannt ist der **Spumante d'Asti**, der rund um Canelli im Champagnerverfahren zu hochwertigen Schaumweinen gekeltert wird. Aus dem Roero stammt der leichte, frische Weißwein **Arneis**. Bekannter ist der fruchtige **Gavi**, der hervorragend zu Fischgerichten passt.

Eine ausgewogene Weinauswahl haben die **Enoteche Regionale**, die regionalen Weinkeller, in denen man Weine auch immer gläserweise degustieren kann.

Märkte und Antiquitäten

Auf den **Mercati** im Piemont kann man gucken, schlemmen und Obst, Gemüse oder Fleisch zu den besten Preisen erstehen. Zum Markttag ist die ganze Stadt auf den Beinen, mit voll beladenen Taschen trifft man sich anschließend zum Aperitivo in der Bar. Die schönsten Märkte finden in Alba (samstags), Alessandria (montags, donnerstags und samstags), Cannobio (donnerstags und sonntags), Cuneo (dienstags und freitags), Intra (samstags) und täglich außer sonntags in Turin statt.

Feinste **Antiquitäten** gibt es auf der Nazionale di Antiquariato di Saluzzo im Mai und auf dem Gran Balon jeden zweiten Sonntag des Monats in Turin (www.balon.it).

Öffnungszeiten

Geschäfte haben in der Regel von 9–12.30 und von 16–19.30 Uhr geöffnet, am Montag sind viele Läden geschlossen.

Empfehlenswerte Geschäfte und Märkte finden Sie bei den Orten im Kapitel ► **Unterwegs im Piemont.**

Sport

Segeln und Surfen auf dem Lago Maggiore, tolle Pisten zum Skifahren, Wandern in den Bergen und Hügeln: Im Piemont werden fast alle Sportwünsche erfüllt.

◀ Das Maira-Tal (▶ S. 54) ist ein Paradies für Mountainbiker.

Es muss nicht gleich die große Alpenüberquerung Grande Traversata delle Alpi sein. Ideal für Tagestouren sind die Ossola-Täler, der Nationalpark Gran Paradiso und die sanften Hänge des Zegna-Parks. Rafting-Freunde finden auf dem Sesia-Fluss ideale Bedingungen und Wassersportler am Lago Maggiore ihr Glück.

GOLF

Das Piemont hat über 40 Golfplätze, der bekannteste im Monferrato ist der **Golf Club Margara** (www.golf margara-de.com), der **Feudo d'Asti** gilt als anspruchsvoll (www.golffeudo asti.it). Im englischen Stil ist der traditionelle **Le Betulle** bei Biella gestaltet (www.golfclubbiella.it/de). Der größte Platz am Lago Maggiore ist der 18-Loch-Platz von **Bogogno** (www. circologolfbogogno.com). Wer lieber in den Bergen golft, kommt in Sestriere und Limone auf seine Kosten. www.federgolfpiemonte.it

RADSPORT

Jedes Jahr führt der **Giro d'Italia** durch die Berge des Piemont. Bei Rennradlern sind die Bergstrecken in den im Frühjahr fast menschenleeren Bergtälern von Maira und Chisone beliebt. Weniger geeignet sind die verkehrsreichen Uferstraßen des Lago Maggiore, nur in Verbania und Feriolo gibt es Fahrradwege. Ein wahres Paradies für Mountainbiker sind die Singletrails im Maira-Tal und am Gran Paradiso. Für Selbstfahrer hat Lorenzo Colombi auf www.mtblanghe.it Routen durch die Langhe und den Roero zusammengestellt.

SKIFAHREN

Fast jedes Alpental bietet Pisten und Abfahrten. Das Skigebiet um Sestriere wurde für die Olympischen Winterspiele 2006 hochgerüstet.

Riserva Bianca   C 9

Die Pisten sind dank der Beschneiungsanlagen besonders schneesicher. Limone Piemonte • Tel. 01 71 92 62 54 • www.riservabianca.it

SnowFun Mottarone   F 2

Familienfreundlich mit vielen einfachen Pisten. Monte Mottarone • Tel. 03 23 92 41 72 • www.mottaroneski.it

Via Lattea   A 6

Das Skiparadies zwischen Sestriere, Sauze d'Oulx, Bardonecchia und Montgenèvre (in Frankreich) bietet über 200 Pisten und fast 70 Lifte. Sestriere • Tel. 01 22 79 94 11 • www. vialattea.it

⭐ MERIAN Tipp

NORDIC WALKING

Egal ob moderne Winzerwege oder uralte ausgetrampelte Maultierpfade: Wer im Piemont zu den Walkingstöcken greift, hat auf jeden Fall immer ein tolles Panorama.   ▶ S. 14

SURFEN UND SEGELN

Wenn von Mai bis September in den Morgenstunden der Tramontana-Wind über den Lago Maggiore fegt, sind die Winde im Borromäischen Golf besonders stark. Beliebtester Spot bei Surfern, Seglern und Kitern ist jedoch Lido di Cannobio. www.tomaso.com

Familientipps

Ob rasante Bobfahrten, spannende Zoosafaris, wilde Tiere im Nationalpark oder ein gemütliches Picknick am See – im Piemont sind Naturerlebnisse immer inklusive.

◄ Ziege oder Wolf, Haus- oder Wildtier: Für Kinder sind Tiere faszinierend.

Alpyland F 2

Über 1200 m donnert der nur von Schwerkraft getriebene Bob des Vergnügungsparks am Mottarone in Richtung Tal und man genießt dabei ein sagenhaftes Panorama über den Lago Maggiore.
Mottarone • bei Stresa • Tel. 0 32 31 99 10 07 • www.alpyland.com/de • Mo–Fr 10–17, Sa, So 10–18 Uhr, Nov. geschl., Dez.–März nur am Wochenende • Einzelfahrt 5 €, Kinder 4 €

Arcansel C 4

Ein Riesenspaß für größere Kids (und natürlich mutige Eltern) ist der Engelsflug an einem dünnen Seil ab ins Tal. In 70 Sekunden stürzt man über 250 m in die Tiefe und wird dabei bis zu 140 km/h schnell. Die längste Engelsflugbahn der Alpen ist für Kinder ab 150 cm und 40 kg Körpergewicht zugelassen.
Frassinetto • Via Alpi Graie 16 • Tel. 34 04 00 85 48 • www.arcansel. it • tgl. 15–18 Uhr nach Online-Reservierung • Kosten pro Flug 35 €, 2 Personen 60 €

Campingdörfer

Besonders der Lago Maggiore ist bei Familien mit Wohnwagen und Zelten beliebt. An der Toce-Mündung gibt es ganze Campingstädte mit Strand und Animationsprogramm, die besseren bieten Mobilheime auf Ferienhausniveau, darunter der **Club Camping Village Lago Maggiore** (www.lagomag.com) oder **Paradis** in Cannobio mit großem Park (www. campinglagomaggiore.it). Komfortable Luxuszelte vermietet die **Tenuta Squaneto** am Rande des Mon-

ferrato (www.tenutasquaneto.it). Auf dem ausgedehnten Gelände gibt es einen großen Kinderspielplatz mit Schwimmbecken.

Centro Faunistico Uomini e Lupi
 B/C 9

Frei lebende Wölfe beobachten – das geht mitten im Naturparadies **Parco Naturale Alpi Marittime,** wo das Raubtier seit 1992 wieder heimisch ist. Ein unterirdischer Tunnel führt bis zu einem Beobachtungsturm, wo man mit ein wenig Glück die ausgewilderten Wildtiere erspähen kann. Anschließend kann man in dem Naturpark, der nahtlos in den französischen Parc National du Mercantour übergeht, wandern oder nach Gemsen, Steinböcken und Mufflons Ausschau halten.
Beobachtungsturm Uomini e Lupi • Entracque • Loc. Casermette • Tel. 01 71 97 80 07 • www.parcoalpi marittime.it • tgl. 10–18 Uhr, im Sommer länger • Eintritt 8 €, Kinder 6 €

Rafting im Valsesia E 3

► Valsesia, S. 102

Safari Park F 3

Es muss nicht immer Afrika sein: Auch südlich des Lago Maggiore kann man Löwen, Tiger, Affen und Zebras erleben. Außerdem gibt es Fahrgeschäfte und ein Riesenrad für kleinere Kinder.
Pombia • Strada Statale 32 • Tel. 03 21 95 64 31 • www.safaripark. it • tgl. 10–19 Uhr, im Winter kürzer • Eintritt 17 €, Kinder 12 €, bis 4 Jahre gratis

👫 Weitere Familientipps sind durch dieses Symbol gekennzeichnet.

Das zauberhafte kleine Städtchen Monforte d'Alba (▶ S. 68) liegt romantisch auf einem Hügel in den Langhe.

Unterwegs im **Piemont**

Mit beschaulichen Städtchen und der quirligen Metropole Turin
hält das Piemont für jeden Geschmack und rund ums Jahr das
passende Reiseziel bereit.

Feinkost -> ~~Scorvino~~ Eataly
Via Nizza 230

Turin

Turin ist eine elegante Stadt, der man die königliche Vergangenheit auf Schritt und Tritt ansieht. Schließlich war die Hauptstadt des Piemont auch die erste Hauptstadt Italiens.

Eis „Gelateria Torino"
„Corss Vinzagho 28/a

◄ Das markante Wahrzeichen Turins ist die Mole Antonelliana (► S. 36).

Grandiose Barockarchitektur, endlose Industrieanlagen, traditionelle Kaffeehäuser, moderne Kunst, einmalige Museen und ein lebendiges Nachtleben prägen die Metropole im Herzen des Piemont. Im Umland locken königliche Residenzen, fürstliche Lustgärten, sagenumwobene Burgen und prächtige Kapellen.

Turin   C/D 5/6

910 000 Einwohner
Stadtplan ► Klappe hinten

Die Metropole im Herzen des Piemont ist eine Stadt des Wandels: Von der feudalen Königsstadt zur streitbaren Wiege des Risorgimento, vom leicht muffigen Industriezentrum zur sportlichen Austragungsstätte der Olympischen Winterspiele 2006 hat Turin sich immer wieder neu erfunden. Die Hauptstadt des Piemont präsentiert sich mit ihren endlosen Barockarkaden (18 km Bogengänge sollten einst den Adel vorm Regen schützen, heute kann man hier trockenen Fußes shoppen) als quirlige, junge Stadt, die den Vergleich mit dem ewigen und viel größeren Konkurrenten Mailand nicht scheuen muss. Heute setzt man verstärkt auf Kunst und Kultur, und wer nach einem Besuch in den zahllosen Museen ausspannen will, kann dies in einem der traditionellen Kaffeehäuser in der Innenstadt, den Bars und Restaurants in den Gassen des Quadrilatero oder den modernen Szenekneipen im Viertel San Salvario tun.

Obwohl Turin eine dynamische, pulsierende Metropole ist, die von Prachtbauten und weiten Plätzen beinahe überquillt, ist das Zentrum klein und übersichtlich. Als die Savoyer Turin als standesgemäße Hauptstadt auserwählten, standen hier nur wenige mittelalterliche Palazzi. Das Adelsgeschlecht mit absolutistischen Ambitionen erbaute sich eine komplette Barockstadt einfach neu. Vorbild war natürlich Paris. So zeugt heute kaum noch etwas von der einst von keltischen Druiden gegründeten Stadt. Noch immer steckt aber ein Hauch von Magie in den Mauern von Turin: Unter Esoterikern gilt die Stadt als Berührungspunkt des weißen (Prag, Lyon, Turin) und des diabolischen (London, San Francisco, Turin) Magiedreiecks. In Turin, so heißt es, wird deshalb der große Kampf des Bösen gegen das Gute ausgetragen.

Religiöse Freiheit und ethnisches Multikulti herrschen östlich des Bahnhofs von Porta Nuova: Inmitten der lebendigen Szene steht nicht nur die prächtige Synagoge (1884), sondern auch der Tempio Valdese. Diese 1853 eingeweihte Kirche der Waldenser ist das einzige große protestantische Gotteshaus in Italien.

SEHENSWERTES

Duomo di Torino   ▸ Klappe hinten, c 2
Die kreuzförmige Renaissancebasilika von 1498 ist für eine Bischofskirche ungewöhnlich klein, denn sie stammt aus der Zeit, bevor die Savoyer Turin zu ihrer Residenzstadt erhoben. Berühmt machte die Kathedrale die **Cappella della Sacra Sindone**, die sogenannte Leichentuchkapelle, die seit einem Brand im Jahr 1997 renoviert wird und daher nicht besichtigt werden kann. Die Eintrittskarte für das Dommuseum **Museo Diocesano** gilt auch für den Aufstieg auf den romanischen Kirchturm, der aus den Steinen des römischen Theaters erbaut wurde.
Piazza San Giovanni • Tel. 01 15 15 64 08 • www.museodiocesanotorino.it • Mi 14–18, Do–So 10–18 Uhr • Eintritt Museum 5 €, Kinder 3,50 €, Turm 3 €, Kinder 2 €, Museum und Turm 7 €, Kinder 5 €

📷 FotoTipp

PONTE PRINCIPESSA ISABELLA

Eines der besten Fotomotive von Turin sieht man auf der Brücke Ponte Principessa Isabella am südlichen Ende des Parco del Valentino: die Ufer des Po, die Spitze der Mole Antonelliana und bei gutem Wetter im Hintergrund die Gletscher des Monte Rosa. Zoom vorbereiten!   ▸ S. 37

Lingotto 👣👣   ▸ Klappe hinten, südl. b 6
Seit 1930 wurden hier am Fließband auf fünf Stockwerken legendäre Sport- und Kleinwagen der Fabbrica Italiana Automobili Torino (FIAT) gebaut und auf der spektakulären, 1 km langen, elliptischen Rennstre-

cke getestet. 1984 folgte das Aus für die Pkw-Produktion in dem über 500 m langen Gebäude. Heute dürfen auf das Dach nur Gäste der beiden Kongresshotels, die die Piste gerne als Joggingstrecke nutzen. Freien Zutritt gibt es außerdem für Besucher der Ausstellung **Pinacoteca del Lingotto** mit 23 Gemälden aus der Privatsammlung der FIAT-Gründerfamilie Agnelli, mit Meisterwerken von Manet, Renoir, Matisse und Picasso. In den unteren Stockwerken des von Renzo Piano umgestalteten Lingotto sind neben Büros auch das Einkaufszentrum 8 Gallery sowie ein Kino und das **Auditorium Gianni Agnelli** untergebracht. Nördlich des Lingotto liegt die riesige Slowfood-Schlemmermeile Eataly (Via Nizza 230/14).
Pinacoteca • Via Nizza 230/103 • Tel. 01 10 06 27 13 • www.pinacoteca-agnelli.it • Di–So 10–19 Uhr • Eintritt Museum und Teststrecke 8 €, Kinder 3,50 €

Mole Antonelliana

▸ Klappe hinten, d 3
Der genau 167,5 m hohe Pavillon mit seiner sich stark verjüngenden Spitze ist das Wahrzeichen Turins und schmückt mit seiner eigenartigen Form die italienische 2-Cent-Münze. Spektakulär ist der gläserne Aufzug, der in der Mitte der riesigen Kuppel bis auf die Aussichtsplattform führt. Der Bau wurde 1863 als Synagoge begonnen, doch der Architekt Alessandro Antonelli hatte ein größeres Gebäude im Auge. Das Geld der jüdischen Gemeinde für den Bau war bald aufgebraucht, schließlich sprang die Stadt ein und ließ das seinerzeit größte Ziegelmauergebäude der Welt vollenden.

Der Parco del Valentino (▶ S. 37), der sich am linken Po-Ufer erstreckt, ist ein beliebtes Naherholungsgebiet der Turiner.

Im Innern ist das städtische Filmmuseum untergebracht (▶ S. 42). Via Montebello 20 • Mo, Mi–Fr, So 9–20, Sa 9–23 Uhr, letzter Eintritt 1 Std. vorher • Panorama-Aufzug 7 €, Kinder 5 €

Palazzo Carignano

▶ Klappe hinten, c 3

Der Adelspalast gilt als eines der schönsten Barockgebäude Italiens. Die geschwungene Hauptfassade aus Backstein ist ein Meisterwerk von Guarino Guarini. Im der Piazza Carlo Alberto zugewandten neobarocken Teil des Palazzo sollte das erste italienische Parlament tagen – doch als der Saal 1871 fertiggestellt war, hatte man die Hauptstadt Italiens bereits nach Florenz verlegt. Heute dient der Palast dem **Museo Nazionale del Risorgimento Italiano**. Die umfangreiche Sammlung dokumentiert ausführlich die Einigung Italiens.

Via Accademia delle Scienze 5 • www.museorisorgimentotorino.it • Di–So 10–18 Uhr • Eintritt 10 €, Kinder 8 €

Parco del Valentino

▶ Klappe hinten, d 5 und südl.

Der große Stadtpark am linken Po-Ufer ist nur eine der vielen grünen Lungen von Turin, aber vielleicht die schönste: Zum Park gehören neben Liegewiesen und der Uferpromenade, einem wunderschönen Felsengarten (1961) und dem Botanischen Garten der Universität auch die königliche Residenz **Castello del Valentino**, ein Lustschloss im französischen Stil (1660). Schaufenster der Industrie- und Kunstmesse von 1884 war der pittoreske **Borgo Medievale**, der perfekte Nachbau eines mittelalterlichen Gotik- und Renaissancedorfes mit Zugbrücken, Arkaden und Tortürmen.
Corso Massimo d'Azeglio

Hoch oben auf einem Hügel östlich von Turin ließen die Savoyer mit dem Heiligtum von Superga (▶ S. 40) ein Meisterwerk des Barock erbauen.

Piazza Castello

▶ Klappe hinten, c/d 3

Der Schlossplatz vor dem Königspalast ist das Herz Turins. Hier stehen die prächtige Barockvorderseite des **Palazzo Madama**, hinter dem sich ein nüchternes Wehrkastell verbirgt, eine Schlosskirche ohne Fassade und das Stadttheater, das sich hinter einer normalen Häuserfront versteckt. Überragt wird das Ensemble nicht etwa von der seit 1997 eingerüsteten Kuppel der **Cappella della Sacra Sindone** (Kapelle des Heiligen Grabtuchs), sondern von einem der wichtigsten Bauwerke des italienischen Rationalismus, der **Torre Littoria**, die Benito Mussolini 1934 als faschistischen Gegensatz zur königlichen Barockarchitektur der Piazza errichten ließ.

Piazza San Carlo ▶ Klappe hinten, c 3

Die wunderschöne Piazza im Zentrum von Turin war ganz im Sinne des Herzogs Karl Emanuel I. von Savoyen: Der Adel durfte hier seine privaten Paläste errichten, wenn er sich genau an den gewünschten, perfekt symmetrischen Fassadenstil des Hofarchitekten Carlo di Castellamonte hielt. Mitten auf der 1650 fertiggestellten Piazza steht ein bronzenes **Reiterstandbild** von Herzog Emanuele Filiberto. Am südlichen Ende der Piazza thronen die beiden **Santa Cristina** und **San Carlo** geweihten Zwillingskirchen. Dahinter beginnt der in den 1930er-Jahren pompös umgestaltete Südteil der **Via Roma** mit den feinsten Geschäften der Stadt.

Porta Palatina ▸ Klappe hinten, c 2

Das römische Nordtor der Stadt wurde im 6./7. Jh. zum Palast umgebaut und diente im 18. Jh. zeitweise als Frauengefängnis. Im angrenzenden Park sind noch Reste der römischen Stadtmauern und eines Theaters zu sehen.
Piazza Cesare Augusto

Real Chiesa di San Lorenzo
▸ Klappe hinten, c 2

Die überladene, formenreiche Barockkirche mit ihren üppigen, polychromen Marmorsäulen ist ein Meisterwerk des savoyischen Hofarchitekten Guarino Guarini. Unter Napoleon wurde der Zentralbau, der durch seine geometrisch einzigartige Kuppel besticht, zeitweilig als Pferdestall genutzt. In der Sakristei wird eine originalgetreue Fotografie des Grabtuchs von Turin aufbewahrt.
Piazza Castello • Mo–Sa 7.30–12 und 16–19, So 9–13 und 15–19 Uhr

Santuario della Consolata
▸ Klappe hinten, c 1

Die sagenumwobene Basilika auf den Resten der römischen Stadtmauern gehört zu den populärsten Kirchen der Stadt. Sie präsentiert sich in einem Stilmix aus romanischem Wehrkampanile, mächtiger neoklassischer Fassade und prächtiger Innenausstattung, mit der sich die Barockmeister Guarino Guarini und Filippo Juvarra verewigt haben. In der Krypta wird ein einst verloren gegangenes Madonnenbild aufbewahrt, das der Legende nach von einem Blinden, dem die Gottesmutter vor den Toren Turins erschienen war, in den Trümmern eines Vorgängerbaus der Kirche gefunden wurde. Auf dem Kirchvorplatz liegen zwei der ältesten noch original erhaltenen Traditionshäuser Turins: das Drogeriehaus **Antica Erboristeria di Rosa Serafino** mit der Ladeneinrichtung von 1875 und das **Caffè Al Bicerin**, in dem das gleichnamige Turiner Traditionsgetränk aus Kaffee und Kakao heute noch mit einer Haube aus Milchcreme serviert wird.

🔲 FotoTipp

LICHTSPIELE IN DER KUPPEL

In der Kuppel von San Lorenzo sorgen drei Fensterreihen für einmalige Lichtspiele. Bei näherem Hinsehen kann man darin ineinander übergehende Fratzen erkennen – Esoteriker sehen darin das Gesicht des Teufels. ▸ S. 39

Stupinigi ▸ Klappe hinten, südwestl. a 6

Das Jagdschloss in den Wäldern vor den Toren von Turin ist ein spätbarockes Meisterwerk des Architekten Filippo Juvarra. Viele der verspielten und mit Jagdmotiven, Seidenteppichen und wertvollen Intarsienmöbeln dekorierten Privatgemächer der Savoyer sind noch original erhalten. Den Spielsalon (Sala da gioco) schmücken überraschend modern wirkende, geradezu psychedelische Wanddekorationen mit Tiermotiven, die Christian Wehrlin 1765 schuf. Das glanzvolle Zentrum des Schlosses bildet der überladene und überkuppelte Rokoko-Festsaal.

Palazzina di Caccia Stupinigi • Tel. 011 6 20 06 34 • www.ordinemauriziano.it/ palazzina-di-caccia-stupinigi • Di–Fr 10–17.30, Sa, So und feiertags 10–18.30 Uhr • Eintritt 12 €, Kinder 8 €

MERIAN Tipp

REGGIA DI VENARIA REALE

Das Jagd- und Lustschloss der Savoyer ist ein Ausflugsziel für die ganze Familie: In dem Park voller Kunst, Kultur, Natur und Wasserspiele vor den Toren Turins kann man sich vom Chaos der Großstadt erholen. ▶ S. 15

Superga ▶ Klappe hinten, östl. f 1

Herzog Vittorio Amadeo II. und sein habsburgischer Cousin und Feldherr Prinz Eugen studierten 1706 auf den Hügeln östlich von Turin die Angriffsstrategie gegen die französische Belagerung der Stadt und legten dabei ein Gelübde ab. Die Schlacht um Turin wurde gewonnen, die Savoyer ließen ein **Marienheiligtum** und für sich selbst von Filippo Juvarra eine Grabkapelle errichten. Die Auffahrt zu der barocken Krone von Turin ist so steil, dass man sie am besten mit der Zahnradbahn bewältigt. Die Aussicht auf die Alpenkette und das Susa-Tal ist grandios. In der Krypta **Reali Tombe di Savoia** befinden sich die Gräber der Savoyerkönige bis 1889, danach wurden die gekrönten Häupter im Pantheon in Rom bestattet.

1949 ging Superga als dunkles Kapitel in die italienische Fußballgeschichte ein, denn bei starkem Nebel krachte eine Propellermaschine mit allen Spielern der Profimannschaft des AC Turin in die Ostseite der Basilika. Eine Gedenktafel erinnert an das Flugzeugunglück, bei dem alle Insassen ums Leben kamen.

Collina di Superga • www.basilicadi superga.com • Sommer 9–12 und 15–18 Uhr, Winter 9–12 und 15–17 Uhr, Sa, So jeweils 1 Std. länger • Eintritt Kuppel 3 € (Di geschl.) • Königsgräber (Tombe Reali) Sommer Mi–Mo 9.30–13.30 und 14.30–19 Uhr, Winter Sa, So, feiertags 10–13 und 14–18 Uhr • 10 km östl. von Turin, erreichbar mit Buslinie 68 und der Zahnradbahn Tranvia Sassi-Superga, Mo–Fr 6 €, Sa, So 9 € • www.gtt.to.it

MUSEEN

GAM – Galleria Civica d'Arte Moderna ▶ Klappe hinten, a 4

Turin gilt als Hochburg der zeitgenössischen Kunst in Italien. Kunstinstallationen findet man nicht nur in der Stadt verteilt, sondern auch ordentlich im Museum aufbewahrt. Besonders lohnen die Wechselausstellungen, die man wie auch das Repertoire dank eines Open-Data-Projekts vorab online ansehen kann.

Via Magenta 31 • Tel. 011 4 42 95 18 • www.gamtorino.it • Di–So 10–18 Uhr • Eintritt 10 €, Kinder 8 €, am ersten Di des Monats frei

J Museum 👥 ▶ Klappe hinten, nördl. c 1

Das kleine Fußballmuseum von Juventus Turin zeigt die Erfolge des italienischen Rekordmeisters. Höhepunkt ist die Trophäenhalle mit den wichtigsten Pokalen der schwarz-weißen Fußballmannschaft, die bei ihren Fans einfach nur »Juve« heißt. Mehrmals täglich sind auch Stadionbesichtigungen möglich. Wer sich nicht für Fußball interessiert, findet in dem Einkaufszentrum gleich daneben Abwechslung. Strada Comunale di Altessano 142 • www.juventus.com • Mo, Mi–Fr 10.30–19, Sa, So 10.30–19.30 Uhr • Eintritt Museum 12 €, Kinder 10 €, Museum und Stadiontour 18 €, Kinder 15 €, Rabatte für Familien

Museo della Sacra Sindone

▶ Klappe hinten, b 1/2

Das Museum, das von einer katholischen Bruderschaft betrieben wird, will die Studien zu einer der berühmtesten Sehenswürdigkeiten Turins dokumentieren: der Sacra Sindone, dem Grabtuch Jesu, das seit 1578 in der Stadt aufbewahrt wird. Das 4,41 m lange und 1,13 m breite Leintuch soll der Überlieferung nach den Ganzkörperabdruck Jesu Christi zeigen. Die mehrmals beschädigte Ikone wird nur zu besonderen Anlässen ausgestellt und gilt als eines der am häufigsten untersuchten archäologischen Fundstücke überhaupt. Doch selbst Radiokohlenstoffdatierungen gaben bislang keinen Aufschluss über die Echtheit des Tuches, das 1353 erstmals schriftlich erwähnt wird und vom Haus Savoyen 1578 von Chambéry nach Turin überführt wurde, um dem Mailänder Erzbischof Carlo Borromeo die Pilgerreise über die Alpen zu ersparen. Ob echt oder nicht, die Wirkung des Leichentuchs ist bis heute ungebrochen: Bei seiner letzten öffentlichen Ausstellung im Jahr 2015, der Ostensione della Sacra Sindone, pilgerten zwei Millionen Gläubige nach Turin, um dem in einer kugelsicheren Vitrine

5000 Jahre ägyptische Geschichte dokumentiert Turins Museo Egizio (▶ MERIAN TopTen, S. 42), das älteste ägyptologische Museum der Welt.

gezeigten Leinentuch ihre Ehrerbietung zu erweisen.
Via San Domenico 28 • Tel. 01 14 36 58 32 • www.sindone.it • tgl. 9–12 und 15–19 Uhr • Eintritt 6 €, Kinder 3 €

⭐ MERIAN Tipp

TURIN IM FIAT-500-OLDTIMER ERKUNDEN

Der FIAT 500 zählt zu den erfolgreichsten Exportschlagern des Turiner Fahrzeugbauers. Wer die italienische Autostadt ganz nostalgisch erkunden will, sollte eine Stadtrundfahrt in einem liebevoll hergerichteten Oldtimer nicht verpassen.   ▶ S. 15

② Museo Egizio   ▶ Klappe hinten, c 3

Bis zu 5 m hohe Kolossalstatuen, unzählige Mumien, Sarkophage und meterlange Papyrusrollen: Über 3300 Ausstellungsstücke erzählen auf vier Stockwerken aus 5000 Jahren ägyptischer Geschichte. Darunter die reiche Grabausstattung des Kha, die kunstgeschichtlich nur vom Schatz des Tutenchamun in Kairo übertroffen wird, sowie eine beeindruckend inszenierte Skulpturensammlung. Eines der Prunkstücke ist der perfekt erhaltene Sarkophag des Gemenefherbak (ca. 600 v. Chr.) aus dunkelgrauem Sandstein.
Ein großer Teil der über 30 000 Stücke umfassenden Turiner Sammlung wird bereits seit 1824 hier ausgestellt, weil König Carlo Felice mit einer exotischen Kunstkollektion die Königshöfe der Welt zu beeindrucken versuchte.
Ergänzt wurde der Museumsfundus durch Stücke einer großen Ägypten-Mission, die der Ägyptologe Ernesto

Schiaparelli zwischen 1900 und 1935 durchführte.
Via Accademia delle Scienze 6 • Tel. 01 15 61 77 76 • www.museoegizio.it • Mo 9–14, Di–So 9–18.30 Uhr • Eintritt 13 €, Kinder 8 €

Museo Nazionale del Cinema   ▶ Klappe hinten, d 3

Seit 2000 wird die neoklassische Basis der Mole Antonelliana (▶ S. 36) als Kinomuseum genutzt. Material gibt es dafür in Turin zur Genüge: Bis in die 1930er-Jahre war die Stadt Italiens Filmhochburg.
Via Montebello 20 • Tel. 01 18 13 85 60 • www.museocinema.it • Mo, Mi–Fr, So 9–20, Sa 9–23 Uhr, letzter Eintritt 1 Std. vorher • Eintritt 10 €, Kinder 8 €

Museo Nazionale dell'Automobile 👫   ▶ Klappe hinten, südl. c 6

In der italienischen Autostadt darf natürlich ein Museum zum Thema nicht fehlen. Allein schon der 2011 von dem Architekten Cino Zucchi umgebaute Museumsbau im Süden von Turin ist einen Besuch wert. Gezeigt werden nicht nur Fahrzeuge der bekannten italienischen Autohäuser FIAT, Maserati, Ferrari, Bugatti und Alfa Romeo, sondern auch seit Langem vom Markt verschwundene Marken.
Corso Unità d'Italia 40 • Tel. 01 16 77 66 • www.museoauto.it • Mo 10–14, Di 14–19, Mi, Do, So 10–19, Fr, Sa 10–21 Uhr • Eintritt 12 €, Kinder 8 €

Palazzo Madama, Museo Civico d'Arte Antica   ▶ Klappe hinten, c/d 3

Das Museum der Alten Künste ist schon allein wegen seiner herrlichen Barockfassade sehenswert: Sie verbirgt eine prächtige Ehrentreppe des Meisters Filippo Juvarra von 1721, dahinter duckt sich das mittelalterliche Kastell mit einer schwindelerregend überfüllten Sammlung von Keramikkunst aus allen Jahrhunderten, einer schön gestalteten Sammlung von Werken der piemontesischen Gotik und Renaissance sowie original erhaltenen Barocksälen wie der prächtigen Sala Quattro Stagioni. Ein Aufzug führt auf den Eckturm mit einer tollen Sicht auf den Schlosskomplex und die Piazza Castello. Im Burggraben wächst ein Garten aus mittelalterlichen Heilkräutern.

Piazza Castello • Tel. 01 14 43 35 01 • www.palazzomadamatorino.it • Mo, Mi–Sa 10–18, So 10–19 Uhr • Eintritt 10 €, Kinder 8 €, erster Mi des Monats frei

Polo Reale ▶ Klappe hinten, d 2

Das Königsschloss der Savoyer, das im 17. Jh. nach Entwürfen von Amadeo di Castellamonte entstand, war bis 1865 Savoyer-Residenz. Heute sind in den königlichen Hallen fünf Museen untergebracht. In den Gesellschaftsräumen des **Palazzo Reale** kann man noch das originale Mobiliar aus der Zeit König Carlo Albertos (1798–1849) bewundern.

Antike Kunstwerke und archäologische Funde aus dem Piemont sind im **Museo di Antichità** untergebracht. Im Ostflügel des Schlosses werden schon seit 1837 die schönsten Sammlerstücke der **Armeria Reale**, der königlichen Waffenkammer, gezeigt: Dolche und Schwerter aus Renaissance und Mittelalter sowie Ritterrüstungen und eine Sammlung orientalischer Waffen. Die **Biblioteca Reale** mit Zeichnungen u. a. von Leonardo da Vinci, Raffael und Rem-

brandt liegt im Erdgeschoss. In der **Galleria Sabauda** im renovierten Westflügel wird neben Möbeln, Schmuck und Plastiken eine Reihe von Werken flämischer und holländischer Maler ausgestellt. In den Sommermonaten finden in den Innenhöfen des Palasts Konzerte und Kinoabende statt.

Piazza Reale • Tel. 01 15 22 04 40 • www.poloreale.beniculturali.it • Di–So 8.30–19.30 Uhr • Eintritt 6 €, Kinder 3 €, erster So im Monat frei

SPAZIERGANG

Stadtplan ▶ Klappe hinten

Ein Rundgang durch Turin muss natürlich auf dem königlichen Paradeplatz **Piazza Castello** beginnen. Vielleicht trinken Sie vor Beginn des Rundgangs noch einen Espresso: Unter den Barockfassaden liegen die traditionellen Kaffeehäuser Caffè Mulassano (hier wurden der Legende nach die Tramezzini erfunden) und Baratti & Milano (allein schon die Pralinen im Schaufenster sind eine süße Versuchung). Schlendern Sie durch die herrliche **Galleria Subalpina**, in der sich bis heute alte Buch- und Antiquitätenhändler erhalten haben. Unser Spaziergang führt nun auf die prächtige **Piazza Carlo Alberto** mit dem Palazzo Carignano und der Biblioteca Nazionale di Torino. Natürlich darf auch hier ein Reiterstandbild nicht fehlen: Die Bronzestatue in der Mitte der Piazza zeigt Carlo Alberto di Savoia. Im Eckhaus Via Carlo Alberto 6 lebte zwischen 1888 und 1889 Friedrich Nietzsche bis zu seinem geistigen Zusammenbruch. Weiter geht es einen Häuserblock die Fußgängerzone der Via Carlo Alberto entlang, dann biegen Sie nach links in die Via Ma-

Auf der Piazza Carlo Emanuele II (▸ S. 44) ehrt ein Denkmal Camillo Benso Cavour, der im 19. Jh. für die Einheit Italiens kämpfte.

ria Vittoria ein, in der Sie auf der linken Straßenseite noch die Tore des ehemaligen Judenviertels sehen können. Auf der umbauten Freifläche der **Piazza Carlo Emanuele II** thront eine Statue des Staatsmannes Camillo Benso Cavour. Überqueren Sie die Piazza und folgen Sie der Via Maria Vittoria noch einen Straßenzug weiter, biegen Sie dann links in die Via San Massimo ein. Überschreiten Sie zunächst die Prachtstraße Via Po, der Sie auf dem Rückweg erneut begegnen werden. Die Straße, die jetzt Via Montebello heißt, führt direkt auf das Wahrzeichen Turins zu: die **Mole Antonelliana**. Nach einem Besuch des höchsten Gebäudes der Innenstadt, von dessen Spitze aus man an klaren Tagen einen wunderbaren Blick über das Häusermeer von Turin auf den gesamten Alpenbogen des Piemont hat, folgen Sie der Straße bis auf die Prachtstraße **Corso San Maurizio**, die auf der ehemaligen Stadtmauer errichtet wurde. Folgen Sie dem Corso nach rechts. Nach ungefähr 400 m sehen Sie auf der gegenüberliegenden Seite das ungewöhnlichste Wohnhaus Turins: die **Casa Scaccabarozzi**, liebevoll »Polenta-Scheibe« genannt, geht auf einen Grundstücksstreit des Architekten Alessandro Antonelli zurück, der 1840 auf einem dreieckigen, 4,35 m breiten und 16 m langen Grundstück ein neunstöckiges Gebäude errichten ließ (zwei befinden sich im Keller), dessen schmalste Außenwand gerade mal 54 cm breit ist. Biegen Sie nun rechts in die Via Giulia di Barolo ein, die Sie geradewegs auf Turins »Salotto« führt: die enorme **Piazza Vittorio Veneto**, der Sie Richtung Po folgen, dann über die Brücke Ponte Vittorio Emanuele I. Die Kirche **Gran Madre di Dio** ahmt mit ihrem klassizistischen Stil das römische Pantheon nach. Von der Freitreppe des Gotteshauses sehen Sie schon den Startpunkt des Spaziergangs: Entlang der mit Arkaden gesäumten Prachtstraße **Via Po** geht es zurück auf die Piazza Castello.

Abschließend haben Sie sich eine Shoppingtour in der **Via Roma** verdient, die von der Piazza Castello über die Piazza San Carlo bis zum Bahnhof Porta Nuova führt.

Dauer: 2 Stunden

ÜBERNACHTEN

TownHouse 70   ▶ Klappe hinten, c 3

Zentrales Boutiquehotel • Durchgestylte Zimmer mit viel moderner und klarer Optik. Das üppige Frühstücksbuffet wird am großen Tisch serviert.

Via XX Settembre 70 • Tel. 0 11 19 70 00 03 • 70.townhousehotels.com • 48 Zimmer • ♿ • €€€€

Best Western Piemontese

▶ Klappe hinten, c 5

Für Nachtschwärmer • Mitten im Viertel San Salvario. Kleine, saubere Zimmer mit gutem Preis-Leistungs-Verhältnis. Auf Anfrage ist ein später Check-out bis 14 Uhr möglich.

Via Berthollet 21 • Tel. 01 16 69 81 01 • www.hotelpiemontese.it • 39 Zimmer • €€

ESSEN UND TRINKEN

Bistrot Turin   ▶ Klappe hinten, d 3

Leckere Pasta • Deftige piemontesische Küche, die zu jedem Gang empfohlenen Weine kommen fast alle aus dem Piemont. Unter den Arkadengängen gelegen.

Via Po 21 • Tel. 01 16 98 90 32 • www. bistroturin.com • tgl. 7–23.30 Uhr • €€

Signorvino   ▶ Klappe hinten, c 4

Weinparadies • Über 1500 Weine aus ganz Italien kann man in der riesigen Weinbar im Zentrum von Turin probieren – Flaschen werden zum Ladenpreis serviert, an der schicken Theke gibt es leichte Gerichte und Pasta-Küche.

Via Lagrange 13 • Tel. 01 14 40 74 90 • www.signorvino.com/it/wine-store/ torino • tgl. 10–24 Uhr • €€

Astoria Bar & Basement

▶ Klappe hinten, c 5

Szenekneipe • Zum Aperitif gibt es marktfrisches Gemüse in der Obstkiste aufgetischt, am Sonntag Brunch in den Versionen »light«, »full« und »hangover«, und am Abend wird auf dem Plattenteller im Untergeschoss House und Elektro serviert.

Via Berthollet 13 • Tel. 38 97 66 37 31 • www.astoria-studios.com • Di, Mi 19.30–2, Do–Sa 19.30–4, So 12–20.30 Uhr • €

Caffè San Carlo   ▶ Klappe hinten, c 3

Nostalgisch • Das ehrenwerte Kaffeehaus an der gleichnamigen Piazza war früher Treffpunkt der Intellektuellen. Heute kann man in der historischen Einrichtung mit Stuckdecken und Putten einen Espresso an der Bar genießen oder im Teesaal wie in alten Zeiten Zeitung lesen.

Piazza San Carlo • Tel. 0 11 53 25 86 • tgl. 8–21 Uhr • €

Ristorante Pizzeria Da Peppino

▶ Klappe hinten, c 2

Gut und günstig • Einfache italienisch-piemontesische Küche und preiswertes »menu fisso« direkt im Zentrum.

Via Mercanti 7H • Tel. 0 11 53 05 70 • Mo–Sa 12–14 und 19–22 Uhr • €

EINKAUFEN
Guido Gobino   ▶ Klappe hinten, c 3
Schon die Schaufenster des Turiner Meister-Chocolatiers sind eine Augenweide: Pralinen und Ganaches werden wie Juwelen präsentiert.
Via Lagrange 1 • Tel. 01 15 66 07 07 • www.guidogobino.it Mo 15–20, Di–So 10–20 Uhr

Porta Palazzo   ▶ Klappe hinten, c 1/2
Das große Marktviertel von Porta Palazzo macht Turin zu einer quicklebendigen Stadt. Hier findet montags bis samstags ein riesiger Obst-, Gemüse- und Haushaltswarenmarkt statt. In den Hallen gibt es Fisch, Fleisch, Wurst und Käse in Hülle und Fülle. In den Straßen hinter der Porta Palazzo wird jeden zweiten Samstag und Sonntag im Monat der Balon abgehalten. Auf dem großen **Flohmarkt** kann man Antiquitäten, Kleider und Schmuck erstehen.
Piazza della Repubblica • Mo–Fr 7–14, Sa und vor Feiertagen 7–19.30 Uhr

AM ABEND
Piazza Vittorio Veneto
▶ Klappe hinten, e 4
In den großen Bars mit ihren Tischen im Freien kann man sich die Nächte um die Ohren schlagen, viele bieten ab 19 Uhr ein Apericena-Menü an: Mit einem Drink kann man sich am Buffet bedienen.

Quadrilatero   ▶ Klappe hinten, c 1/2
Die schicken Straßenzüge rund um die kleine Piazza Emanuele Filiberto und die Via Sant'Agostino sind das Ausgehviertel von Turin, wenn auch heute längst kein Geheimtipp mehr. Hier kann man bei **Tre Galli** piemontesische Weine kosten, in der Kneipe **Inside** Cocktails schlürfen – am Abend kann man sich dazu zu jedem Drink am Apericena-Buffet durchfuttern. Das **Pastis** im Retro-Look ist ein alternatives Künstlercafé.
Piazza Emanuele Filiberto • www.riquadrilatero.it

San Salvario   ▶ Klappe hinten, c 5/6
In dem multiethnischen Randviertel reiht sich zwischen Via Saluzzo, Via Giuseppe Baretti und Via Berthollet eine Kneipe an die nächste. Dazwischen haben sich Bio-Eisbars und Designerläden angesiedelt. Teilweise chaotisch geht es in den Sommermonaten auf dem Platz vor der Kirche von Pietro e Paolo zu. Aber auch hier beginnen erste Edelsanierungen.
Südöstl. des Bahnhofs Porta Nuova

Teatro Regio   ▶ Klappe hinten, d 3
Das Königstheater von Turin ist ein Tempel der Opernmusik und eines der wenigen Häuser in Italien mit einer Wagner-Tradition. Das Gebäude aus der Feder des Architekten Carlo Mollino war zu seiner Eröffnung 1973 nicht zuletzt aufgrund der Rolltreppen und des plüschigen 70er-Jahre-Stils ein Skandalbau. Bei der Besichtigungstour »Il Regio dietro le Quinte« kann man den Theatersaal mit seiner Deckenbeleuchtung aus 1900 Plexiglasstäben bestaunen.
Piazza Castello 215 • Tel. 01 18 81 55 57 • www.teatroregio.torino.it • Führungen Di–Fr um 15.30, Sa um 11, 11.45, 15 und 15.45 Uhr • 6 €

SERVICE
AUSKUNFT
Turismo Torino e Provincia
▶ Klappe hinten, c 2/3
Hier kann man die »Torino + Piemonte Card« erwerben, die kostenlosen Eintritt in die meisten Museen

Der riesige Markt von Porta Palazzo (▸ S. 46) bietet von Lebensmitteln bis zu Haushaltswaren alles, was das Herz begehrt.

und Schlösser der Region gewährt. Die Tageskarte mit dreimal freiem Eintritt kostet 23 €, die 2-Tage-Karte 35 € (mit Netzkarte für Busse und Bahnen 39,50 €).
Piazza Castello • Tel. 0 11 53 51 81 • www.turismotorino.org • tgl. 9–19 Uhr

CITY-TOUREN
CitySightseeing Torino 🏃 ▸ Klappe hinten, c/d 3

Die roten Sightseeing-Doppeldeckerbusse kurven auf drei Linien durch Turin: **Linie A** fährt durchs Zentrum und ans rechte Po-Ufer, **Linie B** verkehrt zum Museo dell'Automobile, Lingotto und nach Stupinigi, **Linie C** zum Juventus-Stadion, Venaria Reale und nach Rivoli. Man kann beliebig oft ein- und aussteigen.
Start- und Endpunkt Piazza Castello • www.torino.city-sightseeing.it • ab 20 €, Kinder 10 €

Linea 7 🏃

Die historische Tram der Linie 7 fährt in liebevoll renovierten Straßenbahnen die wichtigsten Sehenswürdigkeiten der Stadt an: Piazza Castello, Stazione Porta Nuova, Piazza Vittorio Veneto und die Reste der alten Zitadelle.
www.gtt.to.it/cms/turismo/linea-7-storica • Sa, So und feiertags 9.30–19.30 Uhr • Es gelten die normalen Tickets des Stadtverkehrs GTT

E-BIKE-VERLEIH
Rent2Ruote – Future Bike 🏃 ▸ Klappe hinten, c 3

Obwohl Turin weitgehend flach und ideal zur Erkundung mit dem Drahtesel ist, gibt es nur wenige Radwege. Zur Auswahl stehen E-Bikes und E-Klappräder, die man praktischerweise online vorbestellen kann.
Via Pietro Micca 9 • Tel. 01 19 69 96 99 • www.rent2ruote.it • 25 €/Tag

Westalpen

Einsame Bergtäler, einmalige Naturparks und geschichts-
trächtige Städte, Klöster und Burgen prägen den westlichen
Alpenbogen, der Italien von Frankreich trennt.

◄ Blick über das pittoreske Städtchen Mondovì (► MERIAN TopTen, S. 53).

Die tiefen Täler der westlichen Alpen erstrecken sich fast bis vor die Tore Turins. Kurz vor der Grenze zu Frankreich liegen die berühmtesten und belebtesten Skigebiete Italiens und nur einen Bergrücken weiter die einsamsten Täler der Alpen.

Zu den Besonderheiten gehört das Val Pellice, in dem seit Jahrhunderten die protestantische Glaubensgemeinschaft der Waldenser lebt.

Die majestätischen Städte Cuneo am Rande der Seealpen, Saluzzo am Oberlauf des Po und Pinerolo, wo das Val Pellice und das Val Chisone zusammentreffen, bieten sich als Ausgangspunkte für Bergtouren und Ausflüge an. Hoch über dem Alpenpanorama thront die Felspyramide des 3841 m hohen Monviso.

Lago Maggiore
Po-Ebene und Biellese
Turin
Langhe und Monferrato
Westalpen

Cuneo   C 8

59 000 Einwohner
Stadtplan ► S. 51

Die schöne Piazza Galimberti ist die gute Stube der Stadt, die zu den Markttagen Ausflügler aus dem nahen Frankreich anlockt. Der Name Cuneo bedeutet auf Deutsch »Keil«, denn die Stadt wurde auf dem Hochplateau am Zusammenfluss der Ströme Gesso und Stura erbaut. Die strategische Lage machte Cuneo in der Vergangenheit zu einem Spielball der Mächte aus Saluzzo, Savoyen, Frankreich und Österreich. Die hohen Verteidigungswälle der Stadt wurden unter Napoleon geschleift, danach weitete sich die Stadt jenseits der Piazza Galimberti in ihren modernen Teil aus, der schachbrettartig den südwestlichen Teil des Hochplateaus einnimmt.

SEHENSWERTES

Cattedrale Santa Maria del Bosco   ► S. 51, b 2

Der Bischofssitz von Cuneo ist der Heiligen Maria des Waldes geweiht. Der Name erinnert daran, dass die Kirche auf den Fundamenten einer Forstkapelle erbaut wurde. Das Gotteshaus wurde mehrmals umfassend umgebaut. Die neoklassische Fassade mit ihren mächtigen korinthischen Säulen sowie die Kuppel stammen von 1865. Im Innern fällt der schöne Hochaltar des Trompe-l'oeil-Meisters Andrea Pozzo auf.
tgl. 7–12 und 14–19 Uhr

Chiesa di Sant'Ambrogio
► S. 51, c 1

Die Barockfassade der 1180 errichteten Kirche und ihr düster wirkendes, barockes Interieur gehen auf ein Projekt von Francesco Gallo zurück. Sehenswert ist das achteckige, gotische Taufbecken. Der Name der Kirche erinnert an eine Hilfeleistung der Mailänder, deren Schutzheiligem Ambrosius sie gewidmet ist.
tgl. 9–12 und 14–19 Uhr

MUSEEN
Complesso Monumentale di
San Francesco ▶ S. 51, b 1

In der ehemaligen Kirche des heiligen Franziskus mit einer kreuzförmigen Basilika und beeindruckendem Marmorportal (1481) ist das Stadtmuseum **Museo Civico di Cuneo** untergebracht. Zu sehen sind Fundstücke von der Vorgeschichte bis zur Neuzeit. Besonders beeindruckend ist der ethnografische Teil mit Trachten aus den Tälern um Cuneo.

Via Santa Maria 10 • Tel. 01 71 63 41 75 • www.comune.cuneo.gov.it/cultura/museo • Di–So 15.30–18.30 Uhr • Eintritt 3 €, Kinder 2 €, Sa, So kostenlose Führungen

SPAZIERGANG
Stadtplan ▶ S. 51

Der Bummel durch Cuneo muss beim Traditionshaus **Arione** direkt an der Piazza Galimberti beginnen. In dem stilvollen Kaffeehaus unter den Arkaden herrscht fast zu jeder Uhrzeit ein Kommen und Gehen. Genießen Sie Ihren Kaffee am besten am Tresen (das ist billiger). Die **Piazza Galimberti** ist dem gleichnamigen cunesischen Freiheitskämpfer gewidmet. Die Statue in der Mitte des über 24 000 m² großen Platzes stellt hingegen den Staatsmann Giuseppe Barbaroux dar.

Der Spaziergang führt entlang der frisch herausgeputzten Via Roma, zu Ihrer Linken entdecken Sie bald die Kathedrale **Santa Maria del Bosco**. Die verkehrsberuhigte Pracht- und Einkaufsstraße, der Sie weiter folgen, wird beidseitig von niedrigen Arkadengängen flankiert, die als Markt- und Handelsplatz dienten. Bei den Renovierungen der Häuser kamen an dem Palazzo mit der Hausnummer 56 prächtige mittelalterliche Fresken ans Licht. Biegen Sie in die kleine Gasse **Contrada Mondovì** ein, in der ein buntes Sammelsurium von Cafés, Kneipen, Antiquitätengeschäften und Shops im Sommer für ein lebendiges Ambiente sorgt. An der Hausnummer 18 steht die **Synagoge** der Stadt, gleich neben der Kirche von **San Sebastiano**.

Zurück auf der Via Roma folgen Sie dem Straßenverlauf bis zum **Rathaus**. Im Innenhof des ehemaligen Jesuitenkollegs erinnert ein Automodell aus Bronze an die Familie Ceirano, die als Pionier des italienischen Automobilbaus gilt. Gleich hinter dem Rathaus biegt die Via Santa Maria ab, die zum **Museo Civico** führt. Von hier gelangen Sie über die Via Roma zurück zum Ausgangspunkt.

Dauer: 1 Stunde

ÜBERNACHTEN
Hotel Royal Superga ▶ S. 51, b 2

Mitten im Geschehen • Bitte nicht vom verstaubten Eingangsbereich abschrecken lassen: Die Zimmer sind modern renoviert, das Hotel hat einen eigenen Parkplatz, und die Eigentümerin schaut am Morgen zum Frühstück höchstpersönlich nach dem Rechten!

Via Carlo Pascal 3 • Tel. 01 71 69 32 23 • www.hotelroyalsuperga.com • 39 Zimmer • ♿ • €€

Cuneo Hotel ▶ S. 51, a 3

Modern und zentral • Das schicke Drei-Sterne-Haus liegt südlich der Piazza Galimberti und bietet ein reichhaltiges Frühstück.

Via Amedeo II 2 • Tel. 01 71 68 19 60 • www.cuneohotel.com • 21 Zimmer • ♿ • €

ESSEN UND TRINKEN

Osteria senza Fretta   ▶ S. 51, b 2

Slow Food • Bei Daniela gibt es hausgemachte Pasta und Frisches direkt aus der gegenüberliegenden Markthalle. Die passenden Weine wählt ihr Ehemann und Sommelier Marco persönlich aus.

Via Dronero 3bis • Tel. 01 71 48 91 74 • Fr–So, Di, Mi 12–14.30 und 19.30–22.30 Uhr • €€

Al Bistrot dei Vinai   ▶ S. 51, a 3

Innovative Küche und netter Service • Pizza, Pasta, Risotto, Salate und Burger: Auf der großen Speisekarte der Brasserie in der Neustadt von Cuneo kommt jeder auf seine Kosten. Preiswerter Mittagstisch und im Sommer Aperitif im Freien.

Via XX Settembre 8 • Tel. 0 17 11 87 86 78 • www.albistrotdeivinai.it • tgl. 12–24 Uhr • €

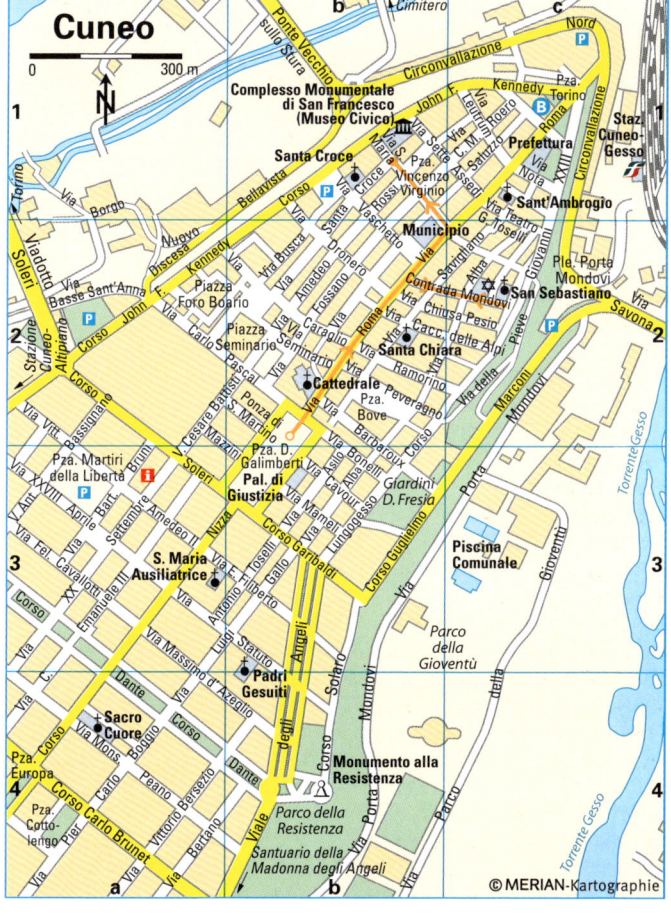

Die Topadresse, um die Pralinen »cuneesi al rhum« aus Cuneo zu erstehen, ist die Pasticceria Arione an der Piazza Galimberti (▶ S. 52).

Arione ▶ S. 51, b 3

Süße Verführung • In dem alteingesessenen Laden gibt es die weit über die Grenzen Cuneos hinaus bekannten, zart schmelzenden Pralinen »cuneesi al rhum«, die auch als Mitbringsel beliebt sind. Vor Ort unbedingt probieren: die sündhaft guten Baisertorten Meringhe.
Piazza Galimberti 14 • Tel. 01 71 69 25 39 • www.arionecuneo.it • Mo 14.30–20, Di–Sa 8–20, So 8–13 und 15.30–20 Uhr • €

EINKAUFEN
Le petit château de Papa Noël ▶ S. 51, c 2
In dem kleinen Ladengeschäft in der Altstadt ist 365 Tage im Jahr Weihnachten!
Contrada Mondovì 26c • Tel. 01 71 69 32 84 • www.lepetitchateau.it • Mo–Fr 9–12 und 15–19.30, Sa 9.30–12 Uhr

Mercato ▶ S. 51, b 2/3

Cuneo ist traditioneller Warenaustauschplatz zwischen den Bergen und der Po-Ebene. Jeden Dienstag und Freitag wird die Piazza Galimberti zum Marktplatz für Kleidung, Trödel und Krimskrams. In der Jugendstil-Markthalle hinter der Kathedrale gibt es eine riesige Auswahl an Obst, Gemüse, Fleisch und Fisch. Der Markt von Cuneo lockt auch zahlreiche Besucher aus dem nahen Frankreich an.
Piazza Galimberti • Di, Fr 8–13 Uhr

SERVICE
AUSFLÜGE
Insite Tours
Die kleine Agentur von Raffaella und Fabrizio organisiert Gastro-Touren, Stadtführungen und Wanderungen in die Bergtäler des Piemont.
Tel. 33 94 97 16 86 • www.insitetours.eu • um 80 €/Tag

AUSKUNFT
Azienda Turistica Locale
del Cunese   ▸ S. 51, a 3
Via Vittorio Amedeo II 8a • Tel. 01 71
69 02 17 • www.cuneoholiday.com •
Mo–Fr 9.30–13 und 14.30–18, Sa 10–
13 und 14–17 Uhr

Ziele in der Umgebung
◎ **Ciciu del Villar** ⭐ 👫   📖 B/C 8

Am Rande des Maira-Tals gibt es ein
seltenes geologisches Phänomen: bis
zu 2 m hohe Erdsäulen, geschützt
von einem »Hut« aus Gesteinsplat-
ten. Der Legende nach soll der heilige Konstantin hier hundert römische Soldaten, die ihn verfolgten, in
Stein verwandelt haben. Geologisch
lassen sich die 400 in dem Naturpark
gezählten Steinpuppen durch Ero-
sion in der letzten Eiszeit erklären.
Der kinderfreundliche Spaziergang
Ciciuvagando dauert eine halbe
Stunde und endet an einem Pick-
nickplatz, der Rundweg **Percorso
Escursionistico** führt in gut zwei
Stunden auf den Liretta-Pass und
zurück.
Tel. 32 71 17 66 61 • www.provillar.it •
April–Okt. tgl. 9–19 Uhr • Eintritt 3 €
24 km nordwestl. von Cuneo

◎ **Fossano**   📖 D 7
25 000 Einwohner
Die wuchtige Backsteinburg **Castello dei Principi di Acaia** (1332)
mit ihren massiven Festungstürmen
diente schon als Residenz der Savoyer sowie als Kerker und Gefängnis.
Sie beherbergt heute die Stadtbiblio-
thek, und im Sommer finden im alten Burggraben Konzerte statt. Die
beeindruckende **Chiesa della San-
tissima Trinità** (1730) mit ihrer
monumentalen Barockfassade und

dem verspielten Glockenturm liegt
am Stadtrand der kleinen, mittelalterlichen Agrarstadt am Ende des
Stura-Tals. Ein Spaziergang entlang
der Via Roma mit den prächtigen
Arkaden führt am **Dom** (1791) mit
seiner klassizistischen Fassade und
seinem einfachen Glockenturm aus
dem 13. Jh. vorbei.
30 km nordöstl. von Cuneo

SERVICE
AUSKUNFT
Ufficio Turistico
Castello dei Principi di Acaia •
Tel. 0 17 26 01 60 • www.visitfossano.
it • tgl. 10–13 und 14–17 Uhr • kosten-
lose Führungen durch das Castello
Di–So um 11 und 15 Uhr

◎ **Grotta di Bossea** 👫   📖 D 9
Abstieg in die Tiefe: Auf über 2 km
führt die älteste Schaugrotte Italiens
vorbei an spektakulären Kaskaden,
Brücken und unterirdischen Seen
über 650 Treppen ganze 200 m in die
Tiefe. Im Salone del Tempio wird in
einer Vitrine die Rekonstruktion eines Höhlenbären aufbewahrt.
Corsaglia-Tal • Tel. 01 74 34 92 40 und
34 51 28 25 81 • www.grottadibossea.
com • Führungen Mo–Sa 10, 11.30, 15,
16.30, feiertags 10, 11.30, 14.30, 16,
17.30 Uhr • 11 €
40 km südöstl. von Cuneo

◎ **Mondovì** ⭐   📖 D 8
23 000 Einwohner
Hier kann man ganz hoch hinaus:
Aufgrund der einzigartigen Ther-
mik findet in Mondovì jährlich am
6. Januar der größte Heißluftballon-
wettbewerb des Landes statt. Weniger leicht ist der Aufstieg von der
Unterstadt Breo, wo man am besten
den Wagen abstellt, in die alte Ober-

stadt. Sie wird schlicht Piazza genannt. Am besten steigt man in die kleine Zahnradbahn und genießt schon während der Fahrt das tolle Panorama des Alpenvorlands mit den Bergen im Hintergrund.

Mittelpunkt der Altstadt ist die Piazza Maggiore mit ihren barocken Häusern und Adelspalästen sowie der Jesuitenkirche **Chiesa di San Francesco Saverio** (1717), die durch ihre gewaltige Scheinarchitektur verblüfft: Das barocke Kuppelgewölbe ist eine optische Täuschung, und die Säulen aus Marmor, Verzierungen aus Gold und Statuen aus Bronze sind nur gemalt, der Altar ist aus bemalter Pappe und Holz. Der Ausblick vom Stadtgarten **Giardino del Belvedere** bis zu den Langhe und den Alpen ist so einzigartig, dass schon Napoleon von der Spitze des Stadtturms mit seinem überdimensionalen Ziffernblatt ausgerufen haben soll: »Hier sind wir nun, im schönsten Land der Welt«.

27 km östl. von Cuneo

MERIAN Tipp

ENTSPANNEN IM EINSAMEN MAIRA-TAL

Der kleine Weiler San Martino Inferiore liegt an den einsamen Wanderrouten des Maira-Tals. In der kleinen deutschen Community kann man entspannen, meditieren, wandern oder einfach nur einen Zwischenstopp beim Wandern einlegen. ▶ S. 15

MUSEEN

Museo della Ceramica
Im 19. Jh. war Mondovì vor allem für seine Keramiken und Weichsteingut

bekannt, heute ist die Keramikindustrie Geschichte, die im Palazzo Fauzone (13. Jh.) dokumentiert wird.
Piazza Maggiore 1 • www.museo ceramicamondovi.it • Fr–Sa 15–18, So 10–18 Uhr, im Sommer jeweils bis 19 Uhr • Eintritt 6 €, Kinder 3 €

ÜBERNACHTEN

Lori's Inn
Romantischer Innenhof • Diese zwei liebevoll-kitschigen Suiten liegen mitten in der Altstadt, Frühstück gibt's in der Bar direkt an der Piazza Maggiore.
Piazza Maggiore 17d • www.lorisinn. it • Tel. 33 56 05 89 79 • 2 Suiten • €€

EINKAUFEN

Barba e Capelli Uomo
Kunstvolle Bartrasur und Pflegeprodukte für Männer gibt es in dem kleinen Barbiershop am Hauptplatz: Die Einrichtung ist über hundert Jahre alt und noch original erhalten.
Piazza Maggiore 6 • Tel. 34 88 03 28 01 • Di–Sa 8–9.30 und 14–15.30 Uhr

Mondovicino Outlet Village
Über 150 Marken von 1aClasse bis Zuiki gibt es in dem riesigen Einkaufszentrum an der Autobahn A6. Ausfahrt Mondovì • www.mondo vicino.it • tgl. 10–20 Uhr

◎ **Valle Maira** A/B 8

Lediglich im Marktflecken Dronero am Rande der Po-Ebene mit der sehenswerten mittelalterlichen Brücke Ponte del Diavolo (Teufelsbrücke) ist es in diesem Tal noch geschäftig, dann geht es ab in die Einsamkeit. Nirgendwo im Piemont haben sich die Alpen so entvölkert wie im einsamen Maira-Tal, in dem man auf gut markierten Weitwanderwegen entlang der einst landwirtschaftlich intensiv genutzten Sonnenhänge und Alpenweiden stundenlang keinem anderen Wanderer begegnet.

In den Weilern haben sich mittlerweile einfache Schutzhütten (»posti tappa«) und Restaurants auf Urlauber eingestellt.

20 km nordwestl. von Cuneo

SERVICE
Percorsi Occitani

Infos zu einem Netz von Wanderwegen durchs Maira-Tal, den Percorsi Occitani, 18 Tagestouren, aber auch mehrtägigen Routen, zu Schutzhütten und Gepäckbussen.
www.percorsioccitani.com

ÜBERNACHTEN UND ESSEN UND TRINKEN
Centro Culturale Borgata
▶ MERIAN Tipp, S. 15

La Scuola di Chiappera
Rustikal im alten Schulhaus • Die alte Schule auf 1600 m Höhe wurde 1972 aufgegeben, jetzt kann man in den Klassenzimmern übernachten. Acceglio • Borgata Chiappera 78 • Tel. 33 47 67 06 16 • 7 Zimmer und Apartments • www.lascuoladi chiappera.com • €€

🌿 Locanda Lou Pitavin
Fisch und Alpenkräuter • Eine der Spezialitäten des Maira-Tals sind Sardellen: Einige findige Händler aus dem Tal hatten es mit dem Weiterverkauf von Fisch aus Ligurien zu einem kleinen Vermögen gebracht. Bei Veronica gibt es deshalb nach alter okzitanischer Tradition Sardellen in roter oder grüner Soße, mit Kräutern aus dem Garten. Die Gästezimmer sind umweltfreundlich in einem Niedrigenergiehaus untergebracht.

Schon Napoleon bestieg den Stadtturm im Giardino del Belvedere in der Oberstadt von Mondovì (▶ MERIAN TopTen, S. 54) und war von dem Ausblick beeindruckt.

Die Altstadt von Saluzzo (▸ MERIAN TopTen, S. 57) ist nicht nur weitgehend auto-frei, sondern insgesamt ein sehr ruhiges Pflaster.

Marmora • Borgata Finello • Tel. 01 71 99 81 88 • www.loupitavin.it • 2 Zimmer • €

◉ Vicoforte   📖 D 8

Alles fing mit dem Schuss eines Jägers an, der 1592 in einem Wald versehentlich ein Marienbild traf, das daraufhin Blut vergoss. Als das Blutwunder auf der Hochebene bei Mondovì immer mehr Pilger anlockte, beschloss der Herzog von Savoyen Karl Emanuel I. den Bau einer Wallfahrtskirche, die der Savoyerfamilie auch als Mausoleum dienen sollte.

Das Votivbild steht noch heute an derselben Stelle, doch anstelle des Waldes überragt ein überladener Barockbaldachin das Marienheiligtum. Darüber wölbt sich die größte elliptische Kuppel der Welt (▸ MERIAN Tipp S. 15), die auf das architektonische Konto von Francesco Gallo geht und 1733 fertiggestellt wurde.

Das barocke Kuppelfresko von Mattia Bortoloni und Felice Biella zeigt auf beeindruckenden 6000 m² Mariä Himmelfahrt.

Tel. 01 74 56 55 55 • www.santuario divicoforte.it • Mo–Sa 7–12 und

14.30–19, So 7–12.30 und 14.30–
19.30 Uhr • Eintritt frei
34 km östl. von Cuneo

Saluzzo C 7

17 000 Einwohner

Majestätisch thront das mittelalterliche Saluzzo wie ein Freilichtmuseum auf einem Ausläufer des Monviso-Massivs. Dank der Lage konnten die Markgrafen, die hier ihre fürstliche Residenz aufbauten, wunderbar ihr Land überblicken: Zwischen dem 12. und 16. Jh. beherrschten die Adligen die Berge und das Flachland zwischen Stura und dem Alpenkamm. Das moderne Saluzzo besteht aus der lebendigen Unterstadt rund um die Kathedrale und die Fußgängerzone des Corso Italia mit seinen Boutiquen und Straßencafés. Fast schon einsam wird es hingegen in der weitgehend autofreien Oberstadt mit ihren steilen Aufgängen, engen Torbogen und wuchtigen Adelspalästen.

SEHENSWERTES

Castello dei Marchesi

Das Castello, im Volksmund auch Castiglia genannt, stammt aus dem 13. Jh. und diente bis 1993 als Gefängnis. Heute sind hier Contemporary-Art-Ausstellungen zu sehen. Piazza Castello • April–Sept. Mi, Fr–So 10–13 und 15–18, Do 15–18 Uhr • Eintritt 7 €

Chiesa di San Giovanni

Das große Fresko auf dem Portal der gotischen Kirche sieht mittelalterlich aus, stammt aber von 1929. Das Gotteshaus aus dem 14. Jh. wurde mehrmals umgebaut und erweitert und überrascht gleich beim Betreten durch einen Abstieg, da das Kirchenschiff tiefer als der Haupteingang liegt. Hinter dem Hauptaltar thront ein vergoldetes Holztabernakel von 1633. Eine unscheinbare Tür auf der linken Seite des Hauptschiffs führt in den Kreuzgang des gotischen Klosters, in dem heute ein Hotel untergebracht ist. Durch ein großes Marmorportal betritt man den prachtvollen Kapitelsaal mit seinem reich verzierten Kreuzgewölbe aus dem Jahr 1520.
Via San Giovanni • Zutritt über das Kongresszentrum • tgl. 8–12 und 14.30–18.30, Kloster 8–19 Uhr

⭐ MERIAN Tipp

ATEMBERAUBENDER AUFSTIEG IN DIE RIESENKUPPEL

Mit Helm und Sicherungsgurten geht es hinauf auf die Kuppel des Marienheiligtums von Vicoforte. Auf der engen Galerie 75 m über dem Erdboden schlägt selbst schwindelfreien Zeitgenossen das Herz schneller! ▶ S. 15

Duomo di Saluzzo

Die außerhalb der alten Stadtmauer errichtete spätgotische Kathedrale Maria Vergine Assunta (1501) birgt zahlreiche Kunstschätze. Besondere Erwähnung verdienen der barocke Hauptaltar und das detailreiche Polyptychon des Meisters von Elva (Hans Clemer), dessen zentrale Madonnen-Tafel im 19. Jh. verloren ging. Piazza Risorgimento • tgl. 7–11.30 und 15.30–19 Uhr

MUSEEN

Museo Civico Casa Cavassa

Die Familie Cavassa war im 15. Jh. eng mit dem Hof der Markgrafen verbandelt. Ihr prächtiger Palazzo ist seit 1890 ein Renaissancemuseum. Viele der 15 Säle mit ihren kunstvollen Fresken, wuchtigen Kassettendecken und monumentalen Kaminen sind noch original erhalten, einige Renaissancemöbel und Gemälde wurden im 19. Jh. dazugekauft. Das Panorama vom Belvedere aus reicht weit von den nördlichen Westalpen über die Po-Ebene mit ihren ausgedehnten Apfelplantagen bis nach Turin und zu den Hügeln der Langhe. Via S. Giovanni 5 • www.casacavassa.it • Okt.–März Di, Do, Fr 14.30–17, Sa, So 10–12.30 und 14.30–17 Uhr, April–Sept. Di–Do, Sa, So 10–13 und 15–18 Uhr, Fr 15–18 Uhr • Eintritt 5 €, Kinder 2,50 €

SPAZIERGANG

Am besten beginnen Sie Ihren Rundgang durch das historische Saluzzo mit einem Abstecher in die Kathedrale **Duomo di Saluzzo**. Danach geht der Aufstieg in die Oberstadt durch die Torbogen der neoklassisch renovierten **Porta Santa Maria** und über die von Arkaden gesäumte Via Alessandro Volta, vorbei an der pittoresken Piazzetta dei Mondagli, auf die Via Muletti, dann rechts in die steile Gasse Salita alle Carceri auf die prächtige, von alten Palazzi gesäumte Straße **Salita al Castello**. Die breite Straße war zu Zeiten der Herrschaft der Markgrafen die Haupteinkaufsmeile von Saluzzo. Heute geht es hier ruhiger zu, und es lohnt ein Blick zurück durch die Häuserschlucht auf die Po-Ebene. Der alte Stadtturm Torre Civica (1482) reckt sich 48 m über die Altstadt und ist an Wochenenden zur Besichtigung geöffnet (Fr–So 10–12.30 und 15–18.30 Uhr, im Winter kürzer, Eintritt 3 €). Die Prachtstraße endet auf dem Schlossplatz mit dem alten Brunnen »Drancia« und dem **Castello**. Der Rundgang führt anschließend zur **Chiesa di San Giovanni** und durch das ehemalige Kloster hindurch weiter auf die Via San Giovanni, vorbei am Museo Casa Cavassa, zur Via San Bernardo, von der aus man einen wunderbaren Blick auf die Bergpyramide des Monviso genießt. Vorbei an der **Chiesa di San Bernardo** mit ihrer schlichten Ziegelsteinfassade und ihrem bunt gekachelten Glockenturm geht es zurück in die Unterstadt. Auf der steilen Via Griselda entlang und vorbei an dem in einem ehemaligen Jesuitenkolleg untergebrachten Palazzo Comunale, führt der Weg direkt auf die Prachtstraße der Unterstadt, den **Corso Italia**. Jetzt haben Sie sich einen Cappuccino oder einen Aperitivo an der Piazza Vineis verdient.
Dauer: 1,5 Stunden

ÜBERNACHTEN

San Giovanni Resort

Luxus in Klostermauern • Kühle, moderne Zimmer in den Mauern des Klosters, mit Blick auf den Kreuzgang oder die Stadt. Die Superior-Zimmer haben sogar einen Whirlpool. Via San Giovanni 9A • Tel. 0 17 54 54 20 • www.sangiovanniresort.it • 15 Zimmer • ♿ • €€€

Domus Aurea

Familiäres B&B • Moderne, helle Zimmer im alten Palazzo der Familie mitten in der Altstadt. Brot und Marmelade zum Frühstück sind hausgemacht. Via Gualtieri 37 • Tel. 0 17 54 47 95 • www.domusaureasaluzzo.com • 3 Zimmer • €

Im Castello della Manta (▸ S. 60) zeigt eines der mittelalterlichen Fresken eine Allegorie auf den Jungbrunnen (»La fontana della giovanezza«).

ESSEN UND TRINKEN

Le Quattro Stagioni d'Italia
Günstiger Mittagstisch • Großzügiges Ambiente und gute Küche, Mittagsbuffet und große Pizza-Auswahl. Im Winter wird im alten romantischen und mit unzähligen Weinflaschen dekorierten Backsteingewölbe gespeist, im Sommer im Freien. Via Alessandro Volta 21 • Tel. 0 17 54 74 70 • www.ristorantele4stagioni. com • tgl. 12–14.15 und 19.15–23 Uhr • €€

Taverna dei Porti Scur
Piemontesische Tradition • Das Restaurant unter den Arkaden auf dem Weg Richtung Oberstadt blickt auf eine lange Geschichte zurück. Modern ist hingegen die Einrichtung in den alten Gewölben. Via Alessandro Volta 14 • Tel. 01 75 21 94 83 • Di–So 19.30–22, Sa, So auch 12–14 Uhr • €€

SERVICE

AUSKUNFT
Ufficio Turistico IAT Saluzzo
Piazza Risorgimento 1 • Tel. 0 17 54 67 10 • www.saluzzoturistica.it • April–Sept. Di–So 10–12.30 und 15–18.30, Okt.–März 10–12 und 15–18 Uhr

Ziele in der Umgebung
◎ **Abbazia di Staffarda**   📖 C 7
Unweit des Po erhebt sich die mittelalterliche Klosteranlage aus der flachen Kulturlandschaft. Die Abteikirche mit ihren ausladenden gotischen Stützbogen und der romanischen Fassade wurde 1135 gegründet und im 17. Jh. von den Franzosen teilweise zerstört. Das Benediktinerkloster war eines der wichtigsten wirtschaftlichen Zentren des Piemont und hatte sogar eine eigene Markthalle. Tel. 01 75 27 32 15 • www.ordine mauriziano.it/abbazia-di-smaria-

Mittelalterliche Herrenhäuser zieren die längliche Piazza Santa Rosa in Savigliano (▶ S. 61), einer der schönsten Plätze Italiens. ✕ ✕

staffarda • März–Okt. Di–So 9–12.30 und 13.30–18 Uhr, im Winter kürzer • Eintritt 6,50 € inkl. Audioguide, Kinder bis 12 Jahre frei
10 km nordwestl. von Saluzzo

◎ Castello della Manta 👫

🔖 C 7

Vor der Kulisse des Monviso überragt das wuchtige Schloss von Manta den gleichnamigen Ort. Es gilt wegen seiner mittelalterlichen Fresken im Inneren als eines der wichtigsten Beispiele der piemontesischen höfischen Gotik. Der Zyklus (1420) stellt 18 historische und mythologische Figuren aus dem Ritterepos »Le Chevalier errant«, dar, das Markgraf Tommaso III. von Saluzzo persönlich verfasst haben soll. An der gegenüberliegenden Wand erstaunt eine allegorische Darstellung des Jungbrunnens. Im manieristischen Salone delle grottesche (1563) gibt es an der reich verzierten Gewölbedecke mythologische Ikonografien zu entdecken.
Manta • Via De Rege Thesauro 5 • Tel. 0 17 58 78 22 • www.visitfai.it/ castellodellamanta • Di–So 10–18 Uhr,

Okt. und Nov. eine Stunde kürzer •
Eintritt 7 € (einschließlich Audioguide), Kinder 4 €
5 km südl. von Saluzzo

◉ Pinerolo   B 6

36 000 Einwohner
Die Kleinstadt liegt strategisch am
Fuß der Täler Val Pellice und Val
Chisone und war in früheren Zeiten
eine der wichtigsten Eingangspforten
nach Frankreich. In einem Mittel-
alterspektakel wird jedes Jahr am
ersten Oktoberwochenende die Geschichte des »Mannes mit der eiser-
nen Maske« dargestellt, der in den
literarischen Werken von Alexandre
Dumas und Voltaire verewigt ist.
Dann ist ganz Pinerolo auf den Beinen, und auf dem Vorplatz des Doms
wird in historischen Gewändern und
Rüstungen das Schicksal des mysteri-
ösen Unbekannten nachgespielt, der
zu Zeiten des Sonnenkönigs Lud-
wig XIV. hier gefangen war.
Zu den bedeutendsten Sehenswürdigkeiten von Pinerolo gehört der
gotische Dom, die **Cattedrale di San
Donato**, mit wuchtigem, unvollen-
detem Glockenturm und beeindruckenden, kobaltblau leuchtenden
Kreuzgewölben.
Hoch über der Stadt thront in der
Oberstadt die **Basilica di San Maurizio** mit ihrem spätromanischen
Glockenturm, den ein überdimensi-
onales Ziffernblatt ziert.
32 km nördl. von Saluzzo

ÜBERNACHTEN
Hotel Barrage
Elegant auf dem Land • Außerhalb
von Pinerolo gelegenes Hotel in einer ehemaligen Baumwollspinnerei.
Großer Garten, elegante und groß-
zügige Zimmer.
Strada San Secondo 100 • Tel. 01 21
04 05 00 • www.hotelbarrage.it •
41 Zimmer • ♿ • €€

La Locanda della Maison Verte
Mitten im Grünen • Elegantes, ruhig
gelegenes und klassisch eingerichte-
tes Hotel mit Pool und kleinem
Wellnessbereich.
Cantalupa • Via Rossi 34 • Tel. 01 21
35 46 10 • maisonvertehotel.com •
28 Zimmer • ♿ • €

EINKAUFEN
Mercato Civico
Auf der Piazza vor dem Rathaus im
Stil des Razionalismo findet ein gro-
ßer Obst- und Gemüsemarkt statt.
Piazza Vittorio Veneto • Mi und Sa

◉ Savigliano   C 7

21 000 Einwohner
Der ganze Stolz von Savigliano ist die
Piazza Santa Rosa, die mit ihren
bunten, mittelalterlichen Herren-
häusern als eine der schönsten Italiens gilt. Überragt wird der große
Platz vom Rathausturm **Torre Civica** aus dem 13. Jh. Der große **Triumphbogen** wurde 1585 zu Ehren
von Carlo Emanuele I. errichtet. Savigliano ist reich an barocken Kir-
chenbauten, die von Bruderschaften
(»confraternita«) errichtet wurden.
Diese religiösen Laienvereinigungen
spielten im Mittelalter eine wichtige
Rolle im gesellschaftlichen Leben
und waren finanziell von den Pfarr-
gemeinden unabhängig.
13 km östl. von Saluzzo

SERVICE
Ufficio Turistico I.A.T.
Palazzo Taffini d'Acceglio • Tel. 01 72
37 07 36 • Di, Fr 9–12.30, Sa, So 10–
12.30 und 14.30–18 Uhr

Langhe und Monferrato

In der endlos scheinenden Hügellandschaft der Langhe und des Monferrato verstecken sich entzückende Weindörfer, in denen man nicht nur zur Trüffelzeit bestens speisen kann.

◄ In den Langhe liegen bedeutende
Weinbaugebiete des Piemont.

Nirgendwo im Piemont wird so viel
Wert auf Essen und Trinken gelegt
wie in den Hügeln der Langhe und
des Monferrato. Nicht ohne Grund
entstand in dieser Gegend die erste
Feinschmecker-Universität der Welt.
Zwischen den endlosen Weinbergen,
Pappelwäldern, Obstgärten und Ha-
selnusshainen verbergen sich malerische kleine Orte, überragt von wuchtigen Festungen und Schlössern, die
nicht selten zu Weinkellern umgestaltet wurden. Während man sich in
den Langhe um Alba auf den Fein-
schmeckertourismus eingestellt hat,
ist das Monferrato bislang noch ur-
sprünglicher.

Lago
Maggiore

Po-Ebene und
Biellese

Turin

Langhe und
Monferrato

Westalpen

Alba   📖 D 7
31000 Einwohner

Alba ist die Trüffelhauptstadt Italiens und überall locken Spezialitäten-
geschäfte. Den frischsten Trüffel,
aber auch unzählige andere Delika-
tessen kann man samstags auf dem
Markt erstehen: Obst und Gemüse,
Käse, Honig und Forellen neben
Kleidung, Trödel und Schuhen. Auf
der Piazza Pertinace vor der neobarocken Kirche San Giovanni Battista
findet außerdem der **Mercato della
Terra** statt, auf dem nur zertifizierte
Slow-Food-Produzenten verkaufen
dürfen. Wenn samstags der Wind
den Duft von Schokolade über das
Markttreiben in der Stadt weht, dann
wird schnell klar, wer in Alba bis
heute das Sagen hat: Ferrero produ-
ziert in seinem Stammwerk jeden
Tag 700 t Süßes.
Ein Besuch in Alba im Oktober lohnt
wegen des Eselrennens und des Mit-
telaltermarkts am ersten Sonntag des
Monats. Der **Palio degli Asini** auf
der Piazza Medford wurde in den
1930er-Jahren als Konkurrenz zu
dem berühmteren Pferderennen in
Asti ins Leben gerufen, denn Alba
steht seit jeher in Rivalität zu der
kleinen Stadt im Norden. Im Mittelalter kämpften die beiden Freien
Städte erbittert um jeden fruchtba-
ren Hügel der Langhe.
Aus dem Mittelalter stammen auch
die unzähligen Stadtpaläste und **Geschlechtertürme** in der Via Cavour
und der belebten Einkaufsstraße Via
Vittorio Emanuele, die bis heute das
Stadtbild prägen.

SEHENSWERTES
Chiesa di San Domenico

Der frühgotisch-lombardische Zie-
gelbau aus dem 13. Jh. ist zwar offi-
ziell nicht entweiht, wird aber nur
noch für Ausstellungen und Konzerte genutzt. Besonders beeindruckend sind die großen, gemauerten
Rundpfeiler der Gewölbe.
Via Calissano • tgl. 10–12.30 und
15.30–18.30 Uhr, im Jan. geschl. •
Eintritt 2 €

Piazza Risorgimento

Auf dem Domvorplatz findet nicht nur von Ende April bis Anfang Mai die Weinmesse Vinum statt, sondern im Oktober auch die Trüffelmesse **Fiera del Tartufo**. Wenn in Alba das Trüffelfieber ausbricht und der berühmte weiße Trüffel zu Preisen von 400 bis 3000 € pro Kilo über den Ladentisch geht, organisiert die Gemeinde für Besucher auch Degustationen mit Trüffeln. Über das bunte Treiben wacht der **Duomo di San Lorenzo Alba**, der im Laufe der Jahrhunderte mehrmals umgebaut wurde und sich heute in einem bunten Stilmix präsentiert. Die Fassade stammt aus dem 19. Jh., die drei romanisch-lombardischen Portale sowie der Glockenturm aus dem 12. Jh. Der Innenraum ist eine gotische Stufenhalle. Einen Blick wert ist das mit Intarsien verzierte Chorgestühl von Bernardino Fossati im Renaissancestil (1512).

 ## MERIAN Tipp

WEIN UND PANORAMA IN BARBARESCO

Keinesfalls verpassen sollte man den Aufstieg auf den Stadtturm von Barbaresco, von dem aus man einen wunderbaren Blick auf die Hügel der Langhe und das Tànaro-Tal genießt. Anschließend kann man in der Önothek die besten Weine der Region verkosten. ▶ S. 16

ÜBERNACHTEN
L'Orso Bevitore

Agriturismo mit Pool • Angenehme Zimmer, teilweise mit einer Kochecke. Zum Frühstück gibt es ein reichhaltiges Buffet. Der Wein zum Abendessen, z. B. der fruchtige Pelaverga, den es nur rund um Verduno gibt, kommt aus eigenem Anbau.
Verduno • Via Vittorio Emanuele 28 • Tel. 01 72 47 04 47 • www.burlotto.com • 10 Zimmer • €€
10 km südwestl. von Alba

Villa La Favorita

Üppiges Frühstück • Die frischen Früchte aus dem Obstgarten kann man entweder vom Baum pflücken oder als selbst gemachte Frühstücksmarmelade genießen. Die charmanten Zimmer auf dem alten Weingut sind mit Antiquitäten und Gemälden gestaltet.
Località Altavilla 12 • Tel. 33 84 71 50 05 • www.lavillafavorita.it • 7 Zimmer • €€

Agriturismo Il Bricco

Herrliche Panoramalage • Auf dem rustikalen Weingut wird vieles selbst gemacht, den eigenen Wein kann man am Abend im Restaurant probieren. Einige Zimmer mit Balkon.
Treiso • Via Teodoro Bubbio 12 • Tel. 01 73 63 80 14 • www.agriturismo ilbricco.it • 4 Zimmer • €
8 km östl. von Alba

ESSEN UND TRINKEN
Osteria dei Sognatori

Schmankerlgasse • Der schmale Weg am Rande der Altstadt ist ein echtes Feinschmeckerparadies: In der urigen **Osteria** von Wirt Diego und Koch Paolo kann man reichlich und deftig piemontesisch schlemmen. Brot und Pasta kommen aus dem gegenüberliegenden **Pastificio dei Sognatori**, in dem man tagsüber auch Pasta einkaufen kann. Wer früh dran ist, kann im **Bistrot dei Sogna-**

Im Oktober findet in Alba seit den 1930er-Jahren der Palio degli Asini (▸ S. 63) statt, ein Eselwettrennen um die Piazza Medford.

tori beim Aperitif das Geschehen auf der Piazza beobachten.
Via Macrino 8 • Tel. 33 37 87 92 30 • tgl. 12–14 und 19.30–22 Uhr, Mi mittags geschl. • €€€

Trattoria Antica Torre
Am Fuße des Wachturms • Die besten Plätze im schönen Sommergarten sollte man lieber reservieren. Die Küche ist traditionell piemontesisch-köstlich und der Lage angemessen teuer.
Barbaresco • Via Torino 64–71 • Tel. 01 73 63 51 70 • www.anticatorre barbaresco.com • tgl. 12–15.30 Uhr, im Winter Do geschl. • €€€
10 km nordöstl. von Alba

AM ABEND
Casa della Torre
Entzückendes Kitsch-Café • Die drei Schwestern Liliana, Loredana und Luisella haben ein entzückendes, kleines Kaffeehaus geschaffen. Zur Auswahl stehen Torten, Konfekt und Schokolade. Abends gibt es Cocktails mit leckeren Kleinigkeiten.
Via Elvio Pertinace 20 • Tel. 01 73 44 12 04 • www.casadellatorre.net • Di–Sa 8–22, So 9–22 Uhr

Pensavo Peggio Microbirrificio e Ristoro
Bayerisch und Vintage • Wer sagt eigentlich, dass aus den Langhe nur guter Wein kommt? Sein Handwerk hat Bierbrauer Diego in Bayern gelernt. Zum Aperitif tischt das Lokal im rustikalen 1970er-Jahre-Stil ein warmes Buffet auf.
Corso Langhe 59d • Tel. 01 73 06 16 06 • Di–Sa 8–22.30 Uhr

soda Organic Food & F*cking good Drinks
Alkoholfreie Cocktails und vegane Smoothies, dazu rund 3000 Gin-

Tonic-Kombinationen. Zudem kann man sich an kreativer veganer und vegetarischer Küche stärken.
Corso Italia 6 • Tel. 34 65 93 88 38 • www.emanueldimauro.com • Di–So 18.30–1 Uhr

Voglia di Vino

Riesige Weinkarte • Die Rot- und Weißweine aus der langen Lieferliste der Weinbar von Daniela kann man am Ende der Degustation gleich mit nach Hause nehmen.
Via Elvio Pertinace 7A • Tel. 01 73 59 30 90 • www.vogliadivino.eu • tgl. 10.30–22.30 Uhr

SERVICE
AUSKUNFT
Ente Turismo Alba Bra Langhe Roero
Piazza Risorgimento 1 • Tel. 0 17 33 58 33 • www.langheroero.it • Mo–Fr 9–18.30, Sa, So 10–18.30 Uhr

Ziele in der Umgebung
◎ **Bra**   ✗   📖 D 7
30 000 Einwohner

Das alte Zentrum des kleinen Agrarstädtchens ist die schöne **Piazza Caduti per la Libertà** mit dem Barockensemble des Rathauses und der Kirche von Sant'Andrea (1682). Wenige Meter weiter in der Via Barbacana liegt die schöne Rokokokirche **Santa Chiara**. Wer Bra erleben will, sollte der Stadt aber einen kulinarischen Besuch abstatten. Mittwochs und freitags ist in der Fußgängerzone Markt und in jedem ungeraden Jahr findet im September die **Käsemesse** Cheese statt, die Käseproduzenten aus ganz Europa in die Kleinstadt lockt. Auch das Slow Food wurde in Bra geboren: Seit 1986 setzt sich die von Carlo Petrini gegründete Feinschmeckerbewegung für frische und fair produzierte Lebensmittel ein. Dass Qualität und Kommerz kein

Alba ist die Trüffelhauptstadt der Langhe. Jedes Jahr im Oktober findet hier eine beliebte Trüffelmesse (▸ S. 119) statt, die Gourmets aus aller Welt anlockt.

Gegensatz sein müssen, will die Slow-Food-Universität in Pollenzo beweisen, die sich an Studenten vor allem aus Übersee wendet.

17 km westl. von Alba

SEHENSWERTES
Pollenzo

Das backsteinrote Türmchen der Kirche von San Vittore markiert schon von Weitem das ehemalige königlich savoyische Landgut, das Carlo Alberto 1849 im neogotischen Burgenstil errichten ließ. Der Komplex beherbergt heute die private **Università di Scienze Gastronomiche**, also die Universität für gastronomische Wissenschaften, sowie mit der **Banca del Vino** eine Sammlung von 300 Tropfen der besten Weingüter Italiens. Im Slow-Food-Restaurant Garden kann man Spitzenküche degustieren und es sich in den ultramodernen, aber mit Antiquitäten eingerichteten Zimmern des Albergo dell'Agenzia gut gehen lassen. Auf der Anlage sind auch einige wenige Mauern der römischen Handelsstadt Pollentia zu sehen.

Agenzia di Pollenzo • www.agenzia dipollenzo.com

ÜBERNACHTEN UND ESSEN UND TRINKEN
Agriturismo Cascina Monchiero

La cucina della mamma • Gekocht wird wie bei Muttern, was Küche und Hof hergeben, denn viele Zutaten stammen aus eigenem Anbau. Besser mehrere Tage vorher reservieren!

San Matteo • Strada Tetti Bona 22 • Tel. 0 17 24 44 30 • www.cascina monchiero.com • ganzjährig abends nach tel. Vorbestellung geöffnet, Sa, So auch mittags • €

2 km nördl. von Bra

 ## FotoTipp

DIE KRONE DER WEINBERGE

Eines der schönsten Fotomotive der Langhe ist eine uralte Libanon-Zeder, die bei La Morra auf der Spitze eines Hügels thront, der von den Rebenreihen eines Weingartens umgeben wird. In La Morra der Ausschilderung nach Annunziata folgen und nach 3,5 km Richtung Ospitalità Il Cedro/Manzoni abbiegen. ▶ S. 106

AM ABEND
Antico Caffè Boglione

Die älteste Kneipe von Bra bietet mittags gute Küche mit Sitzgelegenheiten im Freien, abends werden die historischen Gewölbe mit Kaffeehausmobiliar von 1847 zur gemütlichen Jazzkneipe.

Via Cavour 12 • Tel. 0 17 21 80 88 19 • www.caffeboglione.it • Mo–Sa 12–24 Uhr, am Wochenende länger

Osteria Syslak

Entspannte Atmosphäre • Szene-Kneipe mit schöner Retro-Atmosphäre in einem alten Schaufenster im Herzen von Bra. Günstiger Mittagstisch, abends Aperitif mit DJs, donnerstags Konzerte.

Via Vittorio Emanuele 179 • Tel. 0 17 21 80 80 55 • www.syslak.it • Di–So 12–15 und 18–1 Uhr

◎ Mango 📖 E7

1300 Einwohner

Wie die meisten Orte auf den Hügelspitzen der Landschaft der Bassa Langa war auch Mango in den mittelalterlichen Kriegen zwischen Asti und Alba schwer umkämpft. Mango liegt besonders hoch, und nicht selten sorgt hier die Inversionswetterlage für Sonnenschein, wenn im Tànaro-Tal der Nebel hängt. Mitten in dem kleinen Winzerdorf steht das Kastell auf den Mauern einer verschwundenen mittelalterlichen Burg und beherbergt die Regional-Önothek, in der man z. B. den Moscato degustieren kann: ein süßer, grüngelb leuchtender Dessertwein, aus dem auch der berühmte Schaumwein Spumante d'Asti gekeltert wird. 18 km östl. von Alba

★ MERIAN Tipp

AUSSERGEWÖHNLICH NÄCHTIGEN IN MONFORTE

In Monforte d'Alba steht das vielleicht ungewöhnlichste Hotel der Region. Hier speist man in schwindelerregender Höhe auf gläsernen Podesten und nächtigt bei Kerzenschein in mittelalterlichen Gemäuern.   ▸ S. 16

ÜBERNACHTEN
Relais Villa d'Amelia
Suiten mit Aussicht • Die schönsten Suiten haben einen riesigen Dachbalkon oder sind in einer alten Kapelle untergebracht. Das Restaurant hat sogar einen Michelin-Stern. Benevello • Frazione Manera • Tel. 01 73 52 92 25 • www.villadamelia.com • 37 Zimmer • ♿ • €€€€
10 km südl. von Mango

All'Ombra del Pero
Schöne Aussichten • Das deutschitalienische Pärchen Susanne und Bruno hat hier ein kleines Paradies hoch über den Hügeln der Langhe geschaffen. Highlight ist der Whirlpool in Panorama-Lage.

Loc. Torretta 5 • Tel. 01 41 83 98 34 • www.allombradelpero.it • 5 Zimmer • €€
3 km südl. von Mango

EINKAUFEN
Enoteca regionale Colline del Moscato
Piazza XX Settembre 19 • Tel. 0 14 18 92 91 • www.enotecamoscato.com • Mo, Do, Fr 10.30–13 und 15–19, Sa, So 10.30–19 Uhr

◎ Monforte d'Alba   D 7
2100 Einwohner
Die Oberstadt von Monforte ist Romantik in Reinkultur: Verwinkelte Gassen, mittelalterliche Häuser und Höfe ziehen sich auf die Spitze der Bergkuppe, auf der die beiden barocken Oratorien Sant'Agostino und Santa Elisabetta sowie der romanische Kirchturm der heute verschwundenen Pfarrkirche einen historischen Rahmen für ein modernes Freilufttheater bilden. Im Juli und August findet hier das Jazzfestival Monfortinjazz (www.monfortinjazz. it) statt.
20 km südl. von Alba

ESSEN UND TRINKEN
Tra arte e querce
Essen beim Trüffelsammler • Die Familie von Clelia sammelt schon seit vielen Generationen weißen und schwarzen Trüffel in den Wäldern rund um Monchiero und serviert den begehrten Pilz im eigenen Restaurant. Wer mit Ehemann Ezio auf Trüffelsuche gehen will, muss früh aufstehen: Dafür stehen komfortable Fremdenzimmer teilweise mit Panoramabalkon zur Verfügung.
Monchiero • Via Monchiero Alto 11 • Tel. 01 73 79 21 56 • www.traarte

equerce.com • tgl. 12.30–14, 19.30–22 Uhr, April–Sept. Di geschl. • €€€
6 km westl. von Monforte d'Alba

Trattoria della Posta

Mit Panoramaterrasse • Das Restaurant in herrlicher Lage mit Stilmöbeln und schöner Gartenterrasse ist seit Generationen in Familienbesitz. Die Einrichtung ist etwas kitschig und die Küche klassisch-piemontesisch. Besser reservieren!
Località Sant'Anna • Tel. 0 17 37 81 20 • www.trattoriadellaposta.it • tgl. 12.30–14 und 20–22 Uhr, Do ganztags, Fr mittags und im Feb.geschl. • €€€
3 km östl. von Monforte d'Alba

La Terrazza da Renza

Mit Blick auf die Langhe • Schon seit Jahrzehnten serviert Renza frische Antipasti. Es gibt keine Speisekarte, denn serviert wird, was die Küche hergibt. Einfaches Ambiente mit Plastikstühlen, aber der Panoramablick auf Serralunga d'Alba und die Hügel des Barolo entschädigt dafür.
Castiglione Falletto • Via Vittorio Emanuele 6 • Tel. 0 17 36 29 09 • www.laterrazzadirenza.it • Mi–Mo 11–22 Uhr • €€
6 km nördl. von Monforte d'Alba

Moda

Lounge in historischer Kulisse • Die Terrasse des stilvollen alten Palazzo ist hochmodern hergerichtet, der Blick auf die Hügel der Langhe zeitlos atemberaubend und die Auswahl an offenen Weinen aus dem wohltemperierten Weinkühlschrank beeindruckend. Bleiben Sie aber besser nur zum Aperitif, denn die Küche hält leider nicht immer, was sie verspricht.
Via Cavour 10 • Tel. 01 73 78 72 97 • www.modavenue.eu • Do–Di 18–22, So 11.30–14 Uhr • €€

Das idyllische mittelalterliche Dorf Monforte d'Alba (▶ S. 68) im Weinbaugebiet des Barolo zieht sich einen Hügel hinauf.

FotoTipp

VIELE BUNTE BÄNKE

Ein knappes Dutzend überdimensionaler, qietschbunter Parkbänke des Künstlers Chris Bangle sind über die Berge der Alta Langa verteilt. Ein schönes Kunstprojekt und tolles Motiv für Selfies und Gruppenbilder! Die Locations der »Panchine Giganti« rund um Alba gibt's unter www.bigbenchcommunityproject.org. ▶ S. 63

Osteria Ra Ca' 'd Baruc

Weißer Trüffel • Die Hügel der Alta Langa liegen zu hoch für Weinberge, dafür gedeihen hier dichte Wälder und Haselnussplantagen – beste Voraussetzungen also, um in der Osteria den weißen Trüffel (»tartufo bianco«) zu kosten. Das Degustationsmenü und das umfangreiche Käsebuffet des urgemütlichen Restaurants können sich sehen lassen. Unbedingt reservieren!
Murazzano • Via Roma 1 • Tel. 0173 36 25 62 • www.osterieonline.it/Osteria-Ra-Ca-Baruc • Do–Mo 12–14 und 19.30–22 Uhr • €€
20 km südöstl. von Monforte d'Alba

◎ Neive   🏨 E7

3300 Einwohner
Das entzückende Bergdorf Neive ist stolz auf seinen Beinamen Terra dei Quattro Vini, denn in den sanften Hügeln rund um den Ort wachsen gleich vier berühmte DOCG-Weine mit Herkunftsgarantie: Barbaresco, Barbera d'Alba, Dolcetto d'Alba und der weiße Moscato d'Asti. Ganz nebenbei wurde Neive, dessen enge und fast intakt erhaltene, gepflasterte Gassen sich schneckenförmig den Burgberg hinaufziehen, auch in die Liste der schönsten Dörfer Italiens aufgenommen. Über den mittelalterlichen Palazzi und den beiden barocken Gotteshäusern San Michele und der ausladenden, den Aposteln Peter und Paulus geweihten Pfarrkirche thront der stolze Glockenturm der Gemeinde (1224).
11 km nordöstl. von Alba

ESSEN UND TRINKEN

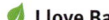 **I love Ba**

Moderne Osteria • Bei Valter kommt nur Bio-Gemüse und -Fleisch auf den Tisch, vieles stammt aus dem eigenen Garten. Serviert wird im modernen Speisesaal, dazu werden, wie der Name schon sagt, Barbaresco und Barbera gereicht.
Via Borgese 10 • Tel. 37 74 91 17 05 • Fr–Mi 12–14 und 19–21 Uhr • €€

EINKAUFEN

Al Nido della Cinciallegra
Hier kann man die besten Weine der Region verkosten. Zu jedem Gläschen gibt es ein »stuzzichino«, ein Häppchen Brot, Käse oder Wurst aus der Region. Beim Aperitif kann man auf der Piazza den neuesten Dorftratsch erfahren oder einfach nur die Touristen beobachten. Zu der kleinen Enoteca mit Spezialitätengeschäft gehört auch das Restaurant **La Contea** gegenüber, einer der bekanntesten Gourmettempel am Platz.
Piazza Cocito 8 • Tel. 0 17 36 73 67 • www.alnidodellacinciallegra.com • tgl. 8–19.30 Uhr

La Pastaia di Langa

Wer die piemontesischen Plin selbst kochen möchte, ist hier richtig! Die Mini-Ravioli werden traditionell mit Fleisch und Gemüse gefüllt, in dem

Beim traditionellen Pferderennen von Asti (▶ S. 72, 119) im September treten auf dem Campo del Palio Reiter aus verschiedenen Vierteln gegeneinander an.

kleinen Nudelgeschäft in der Unterstadt von Neive gibt es aber auch Ravioli mit Ricotta und Spinat und im Winter mit Ricotta und Zucchini, Kürbis oder Lauch gefüllt. Dazu schmeckt wunderbar eine selbst gemachte Brühe oder Bratensaft-Sugo. Piazza Garibaldi 8 • Tel. 01 73 61 74 06 • Di–So 8–12 und 15.30–19.30 Uhr

◎ Roero   📖 D/E 7

Das Hügelland nördlich von Bra liegt im Schatten der viel bekannteren Langhe und ist weniger vom Tourismus als von der Landwirtschaft geprägt. Hier wachsen Kastanien, Weintrauben und die berühmte piemontesische Haselnuss. Auch geologisch ist Roero interessant: Wie die Langhe entstand es durch eine geologische Auffaltung vor 20 Mio. Jahren, die die unterschiedliche Bodenbeschaffenheit erklärt, die sich von Hügel zu Hügel wandelt und deshalb ganz verschiedene Weine hervorbringt.

Im Roero stürzen an vielen Stellen Sand- und Gipshänge steil ab, bilden Schluchten und Felsnadeln, die sogenannten **Rocche**. Geologiefans

können sich in dem Sedimentgestein auf die Suche nach Fossilien machen. Die Talhänge zum Tànaro waren aber auch der ideale Platz zur Errichtung repräsentativer Schlossbauten wie der mächtigen Burg von **Monticello d'Asti**, in der seit 1376 die Adelsfamilie Roero residiert, die dem Landstrich ihren Namen gab und ihren wuchtigen Adelspalast bis heute nur an wenigen Tagen im Jahr öffnet (www.roerodimonticello.it). Der größte Markt des Roero findet jeden Dienstag in **Canale** statt: Dann werden im Sommer Pfirsiche, Kirschen und anderes Obst verkauft.
15 km nördl. von Alba

⭐ MERIAN Tipp

ERLEBNISGASTRONOMIE AUF PIEMONTESISCH

Schickes Ambiente und fantastisches Essen: In der Osteria delle Aie am Fuße des Schlosses von Castellinaldo geht es edel, aber gleichzeitig urig zu! Zu jedem Gang werden Spitzenweine der Region degustiert. ▸ S. 17

SERVICE

AUSKUNFT
I.A.T. ROERO
Enoteca Regionale del Roero
Canale • Via Roma 57 • Tel. 01 73 97 82 28 • www.roeroturismo.it • Mo–Fr 9.30–12.30 und 15.30–19, Sa 9.30–12.30 und 14–18, So 9–13 Uhr

Asti 📖 E 6

76 000 Einwohner
Stadtplan ▸ S. 73
Der Schaumwein Asti Spumante hat die Kleinstadt in der Neuzeit berühmt gemacht, doch ihre Blütezeit als Freie Handelsstadt geht ins 11. bis 13. Jh. zurück, genau wie ihre charmante, kleine Altstadt mit den zahlreichen Geschlechtertürmen. In den engen Gassen verstecken sich unzählige Feinschmeckerlokale und Weinbars. Der berühmteste Sohn der Stadt ist der Dramatiker und Tragödiendichter Vittorio Alfieri, dem man hier auf Schritt und Tritt begegnen kann. Nach ihm ist auch die Zentralachse und Shoppingmeile der Stadt, der **Corso Alfieri**, benannt, an dem entlang alle wichtigen Sehenswürdigkeiten liegen. Eher unscheinbar ist der große **Campo del Palio**, auf dem am dritten Sonntag im September das traditionelle Pferderennen stattfindet, bei dem Reiter aus allen Stadtvierteln gegeneinander antreten. Das ganze Wochenende ist die Stadt auf den Beinen, Handwerkermärkte und mittelalterliche Trachtenumzüge locken auch Besucher in die Stadt, die keines der begehrten Tickets mehr für das Rennen am Sonntagabend ergattern konnten.

SEHENSWERTES

Cattedrale di Santa Maria Assunta ▸ S. 73, a 2
Die prächtige bischöfliche Kathedrale von Asti gilt als eine der schönsten und größten gotischen Kirchen des Piemont. Beeindruckend ist der Würfelfries des Südportals. Im Innern überraschen die hohen gotischen Säulen des Kirchenschiffs, die mit illusionistischen Rokokofresken übersät sind.
Piazza Cattedrale

Complesso di San Pietro ▸ S. 73, d 1
Das achteckige Baptisterium aus dem 12. Jh. steht am östlichen Ende der Stadt. An das von niedrigen Säulen

getragene Taufgebäude schließen sich eine romanische Kirche und ein spätgotischer Kreuzgang an. Das kleine, archäologische Museum kann nur nach Voranmeldung besichtigt werden (Tel. 01 41 39 94 89, Mo–Fr). Corso Vittorio Alfieri 6 • Sommer Di–So 10–13 und 16–19 Uhr, Winter 10–13 und 15–18 Uhr • Eintritt frei, Klingeln notwendig

Piazza di San Secondo ▸ S. 73, b/c 2
Der alte Marktplatz und die angrenzende Piazza Statuto sind die gute Stube der Stadt. Hier thront das Rathaus und unter den mittelalterlichen Arkaden reihen sich Restaurants und Geschäfte aneinander. Die ausladende gotische Fassade der ältesten Kirche der Stadt, die **Collegiata di San Secondo**, war das Gotteshaus der Bürger, das wie in jeder italienischen Stadtrepublik in Konkurrenz zum bischöflichen Dom stand und im 14. Jh. mit einer großzügigen gotischen Stufenhalle erweitert wurde. Heute werden hier die Standarten des Palio-Turniers aufbewahrt.

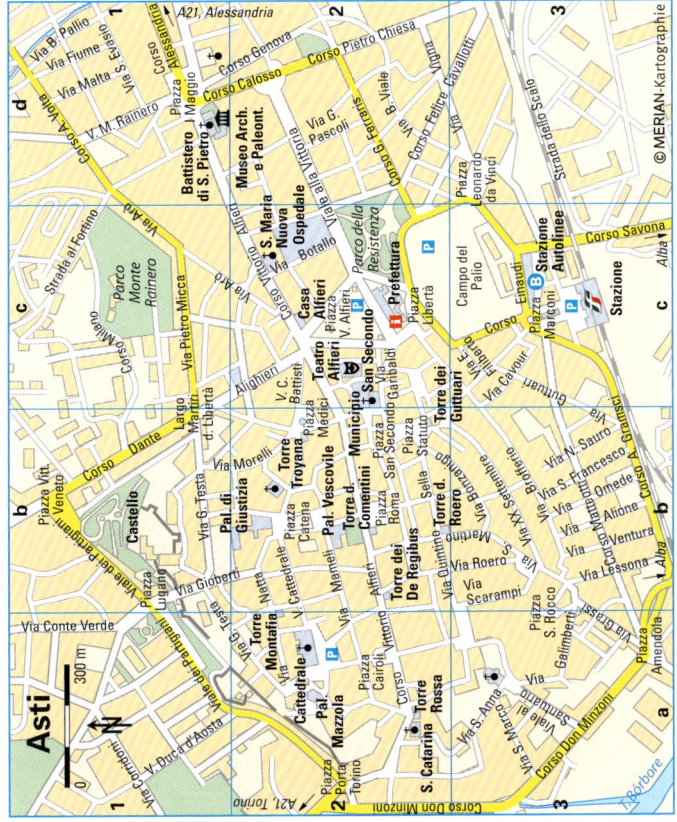

ESSEN UND TRINKEN

3 Bicchieri   ▶ S. 73, b 2
Aperitif im alten Turm • Die Torre Guttuari war einst einer der höchsten Geschlechtertürme der Stadt, heute ist hier eine schicke Weinbar untergebracht. Im Sommer gibt es außerdem schöne Sitzgelegenheiten mitten auf dem Platz.
Piazza Statuto 37 • Tel. 01 41 32 41 37 •
Mo–Sa 10.30–21.30 Uhr • €

SERVICE

AstiTurismo   ▶ S. 73, c 2
Piazza Alfieri 34 • Tel. 01 41 53 03 57 •
www.astiturismo.it • Mo–Sa 9–13 und 14.30–18.30, So 9–13 und 13.30–17.30 Uhr

Ziele in der Umgebung
◎ **Acqui Terme**   📖 F 7
20 000 Einwohner
Im Tal des Flusses Bormida gibt es seit 2000 Jahren Wellnessangebote:

Schon die Römer wussten die heißen Quellen an der Grenze der Langhe zum Monferrato zu schätzen. Die größte Schwefelquelle blubbert Tag und Nacht 75 Grad sehr heißes, bromsalzhaltiges Thermalwasser aus einem großen Brunnenhaus auf der **Piazza della Bollente**. Seine Blütezeit hatte das Kurbad während der Belle Époque. In der Zeit des italienischen Jugendstils entstanden zahlreiche Kurhotels, und in den 1930er-Jahren hatte Acqui Terme gar das größte offene Schwimmbad Europas zu bieten.
Bei einem Spaziergang durch das lebendige Zentrum des Kurortes sollte man an der frühromanischen **Basilica di San Pietro** haltmachen, die durch ihren schönen, achteckigen Glockenturm besticht. Das Kircheninnere ist hingegen eher schmucklos.
42 km südöstl. von Asti

Auf der Piazza della Bollente im Kurort Acqui Terme (▶ S. 74) sprudelt heißes Thermalwasser aus dem Brunnen, das sich für Trinkkuren eignet.

MUSEEN
Museo Civico Archeologico a Acqui Terme
Der historische Stadtkern von Acqui Terme zieht sich den Hügel bis zu dem barock befestigten Castello dei Paleologi hinauf, in dem sich heute das Archäologische Museum befindet. Es zeigt neben frühgeschichtlichen Funden Exponate aus der römischen Bäderstadt Aquae Statiellae und dem Mittelalter.
Via Morelli 2 • Tel. 0 14 45 75 55 • www.acquimusei.it • Okt.–April Mi–Sa 9.30–13.30 und 15.30–17.30, So 11–13.30 und 15.30–17.30 Uhr, Mai–Sept. Mi–So 10–13 und 16–20 Uhr • Eintritt 4 €, Kinder 2 €

SERVICE
WELLNESS
Lago delle Sorgenti
Highlight des Entspannungstempels ist die Gong Lounge: Die genau kalibrierten Vibrationen des großen Klangkörpers sollen den Körper von innen reinigen. Für die Reinigung von außen stehen Saunen, Sprudelbäder und Dampfbäder bereit. Der Zutritt ist begrenzt, deshalb rechtzeitig reservieren!
Zona Bagni • Viale Donati 25 • Tel. 01 44 32 18 60 • www.lagodellesorgenti.it • Mo, Fr 10–20, Mi, Do 14–20, Sa, So 10–21 Uhr • ab 43 € p. P.

◎ Alessandria   📖 F 6
94 000 Einwohner
Stadtplan ▶ S. 76
Von Efeu überwucherte Mauern und Burggräben in der wuchtigen, alten Zitadelle erinnern daran, dass die Stadt einst heiß umkämpft war. Heute liegen die alten Verteidigungsmauern außerhalb des Stadtzentrums. Das neue Alessandria gibt sich als freundliche, kleine Stadt am Handelsweg nach Genua mit einer netten Fußgängerzone, dem Corso Roma, und der Jugendstilgalerie Guerci. Auf der **Piazza Libertà** konzentrieren sich die Sehenswürdigkeiten von Alessandria, darunter das Rathaus **Palazzo del Municipio** mit seiner roten Fassade und drei Zifferblättern: einer Uhr, einem Kalender und einer Sternzeichenuhr. Gleich daneben der **Palatium Vetus**, der wechselnde Kunstausstellungen bietet (www.fondazione cralessandria.it). Auffällig ist außerdem der dem hl. Petrus geweihte **Dom** von Alessandria mit seinem hohen Glockenturm von 1922.
38 km östl. von Asti

MUSEEN
Museo del Cappello Borsalino
▶ S. 76, b 3
Seit 1857 wird in Alessandria aus federleichtem Haarfilz, Stroh oder Stoff und immer noch von Hand der »borsalino«, eine der berühmtesten Kopfbedeckungen der Welt, gefertigt. Kaufen kann man den Damen- und Herrenhut im Stammhaus auf dem Corso Roma. Das Museum hingegen gibt Einblick in die Geschichte des Hutmachers, der heute in Apulien und China fertigen lässt.
Via Cavour 84 • Tel. 01 31 23 42 66 • Sa, So 16–19 Uhr • Eintritt 3 €, Kinder 2 €

ESSEN UND TRINKEN
Pasticceria Bonadeo
▶ S. 76, b 2
Süße Verführung • Unbedingt probieren sollte man bei dem Feinbäcker den »bacio di dama«, kleine, mit Schokolade gefüllte Halbkugeln aus Gebäck. Sie sind typisch für die Gegend von Alessandria.

Alessandria

Galleria Guerci • Tel. 01 31 25 17 41 • www.pasticceriabonadeo.it • Di–Sa 7.30–19.30, So 8–13 Uhr, im Winter länger

SERVICE
AUSKUNFT
ALEXALA - Agenzia di Accoglienza e Promozione Turistica Locale della Provincia di Alessandria

▶ S. 76, b 1

Piazza Santa Maria di Castello 14 • Tel. 01 31 28 80 95 • www.alexala.it

◎ Canelli 📖 E 7
11000 Einwohner

Das Dorf im Belbo-Tal ist die »sprudelnde« Hauptstadt des Piemonte: Seit Carlo Gancia Mitte des 19. Jh. die Kunst der Champagnerherstellung nach Italien brachte, wird hier der Asti Spumante gekeltert. Unter den Weinbergen von Canelli, an denen vor allem der Muskateller Moscato Bianco di Canelli wächst, liegt eine ganz eigene Welt: Die unterirdischen Tuffsteintunnel **Cattedrali del Vino**, die es in die UNESCO-Weltkulturerbeliste geschafft haben, verbergen bei hoher Luftfeuchtigkeit Tausende Holzfässer, in denen neben den besten Schaumweinen Italiens auch hervorragende Rotweine reifen. 35 km südöstl. von Asti

ÜBERNACHTEN
Relais San Maurizio
Luxus in Klostermauern • Hoch über den Hügeln von Canelli beherbergt ein ehemaliges Zisterzienser-

kloster das exklusivste Resort der Langhe. Hier kann man durch den mediterranen Botanischen Garten wandeln oder auf einem der Panorama-Himmelbetten am Pool entspannen. Das luxuriöse Spa mit Salzgrotte steht auch externen Gästen offen.

Santo Stefano Belbo • Loc. San Maurizio • Tel. 01 41 84 19 00 • www.relais sanmaurizio.it • 38 Zimmer • €€€€

La Corte Relais di Campagna 👫

Für Familien • Auf dem schönen, abgelegenen Hof in den Bergen der Alta Langa gibt es zwei Pools für die Kinder und ein ausgezeichnetes Restaurant für die Eltern, wo auch die hauseigenen Weine verköstigt werden können.

Calamandrana • Reg. Quartino 7 • Tel. 01 41 76 91 09 • www.agrilacorte. com • 22 Zimmer • ♿ • €€
6 km nordöstl. von Canelli

EINKAUFEN
Contratto

In den riesigen Weinkellern von Contratto reift vor allem Asti Spumante. Die prächtige Önothek des Hauses ist mit Jugendstilfresken geschmückt. Neben Wein werden auch Wermut und Bitter verkostet.

Via Giovanni Battista Giuliani 56 • Tel. 01 41 82 33 49 • www.contratto.it • Degustationen und Führung nach Voranmeldung, ab 25 €

Coppo

Die familiengeführte Kellerei war nicht nur Vorreiter in der Veredelung der Barbera-Weine, sondern bringt auch ausgezeichnete Schaumweine sowie ein eigenes Barolo-Etikett hervor. Nach einer Führung durch die düsteren Weinkeller werden die bes-

ten Tropfen des Hauses verkostet. Manchmal steht der Spross der Familie, Luigi Coppo, selbst hinter dem Degustationstresen.

Via Alba 68 • Tel. 01 41 82 31 46 • www.coppo.it • Degustationen und Führung nach Voranmeldung auch auf Deutsch, ab 20 €

◎ Casale Monferrato 🏛 F 5
36 000 Einwohner

Der ehemalige Sitz der Markgrafen von Monferrato liegt am Po und markiert damit die Grenze vom Flachland zu den piemontesischen Hügellandschaften. In der übersichtlichen Innenstadt mit ihrer großen Fußgängerzone sollte man zwei Dinge nicht verpassen: die leckeren Krümelkekse »krumiri« und die Kathedrale von **Sant'Evasio** aus dem 11./12. Jh., die mit ihrer beeindruckenden Vorhalle mit den gewaltigen Kreuzbogen zu den wichtigsten romanischen Architekturbeispielen in Italien zählt. Das Gotteshaus, das im 19. Jh. um ein Haar abgerissen worden wäre, beeindruckt im Innern mit seinen fünf engen Kirchenschiffen und den zweifarbigen Pfeilern. Die Kirchenhalle wäre recht düster, wären da nicht die großen Gewölbe mit goldenen Sternenhimmeln.

42 km nordöstl. von Asti

EINKAUFEN
Krumiri Rossi

Die Originale der krummen Mürbekekse kommen aus dieser Pasticceria. Die »krumiri« schmecken nicht nur zum Kaffee und Tee, sondern auch zu Likörweinen, Crema Catalana und Zabaione.

Via Lanza 17 • Tel. 01 42 45 30 30 • www.krumirirossi.it • Di–Sa 9–12.30 und 15.30–19 Uhr

AM ABEND

Rìvièra Cafè

Bester Aperitif der Stadt • Hier trifft man sich zum Spritz und zum Fingerfood mit »bagnet«, der grünen Tunke des Piemont aus Öl, Petersilie und einer geheimen Gewürzmischung. In dem schönen Shabby-Chic-Restaurant kann man außerdem hervorragend speisen oder von den Sitzgelegenheiten im Freien aus die Fußgängerzone beobachten.
Via Roma 130 • Tel. 33 86 04 03 63 • Di–So 7.15–21.30 Uhr

◎ Cocconato   ▦ E 5

1700 Einwohner
Cocconato wird auch die Riviera des Monferrato genannt: Wegen des besonderen Mikroklimas wachsen hier Palmen und Mittelmeerpflanzen. Besonders schön ist die Anfahrt in das Burgdorf durch die endlosen Weinberge und über eine schöne Höhenstraße. In dem mittelalterlichen Ortskern mit dem mächtigen gotischen Rathaus mit seinen Arkadengängen inmitten der verwinkelten Sträßchen und Gassen verstecken sich zahllose Osterie und Feinschmeckerlokale.
30 km nordwestl. von Asti

◎ Govone   ▦ E 7

2100 Einwohner
Die mittelalterliche Burg der Grafen Solaro hatte es den Savoyern derart angetan, dass Carlo Felice Savoia sie kurzerhand zu seiner Sommerresidenz umbauen ließ. Zu sehen gibt es einen reich dekorierten Barockbau mit einem prächtigen Treppenaufgang, prunkvollen Reliefs und einem fantastischen Panoramablick. In den ehrwürdigen chinesischen Salons und Ballsälen ist heute das Rathaus der kleinen Gemeinde untergebracht, und nur noch Teile der Innenausstattung sind erhalten.
Comune di Govone • Tel. 0 17 35 81 03 • So 10–12 und 15–18 Uhr, Juli, Aug. 10–12 und 16–19 Uhr • Eintritt 4 €, Kinder 3 €
20 km südwestl. von Asti

ÜBERNACHTEN

Ca Alfieri al 30

Zauberhafte Suiten • Hier kann man sich im Whirlpool mit Panoramablick, am Swimmingpool oder in der großen Emaille-Badewanne mitten im Zimmer entspannen. Fulvia und Bruno sind Sommeliers und servieren gerne einen edlen Tropfen im Salon vorm Kamin oder im eigenen Weinkeller.
Corso Alfieri 30 • Tel. 0 17 35 89 09 • www.altrenta.it • €€

ESSEN UND TRINKEN

Ristorante Scuderie del Castello di Govone

Extravagantes Ambiente • Modernes, exklusives Ambiente direkt unter dem Barockschloss. Die Küche ist modern-piemontesisch, der Service exzellent, und die Preise sind dem Ambiente entsprechend fair.
Piazza Vittorio Emanuele II • Tel. 01 73 32 80 96 • www.castellodigovone.it • 12.30–14.30 und 20–22 Uhr, Mi ganztags und Do mittags geschl. • €€€

Le Fate

Leckere Pizza • Das Restaurant ist groß und laut, die Pizza wirklich Spitzenklasse und der Service schnell und freundlich. Am Wochenende unbedingt reservieren, denn die Pizzeria ist dann vor allem bei Einheimischen beliebt.

Die Kathedrale von Sant'Evasio in Casale Monferrato (▶ S. 77) ist ein beeindruckendes Zeugnis romanischer Kirchenarchitektur.

Canove • Via Alcide de Gasperi 81 • Tel. 01 73 62 16 36 • Di–So 12–14 und ab 18.30 Uhr • €
5 km südl. von Govone

◎ Moncalvo   📖 E 6

3300 Einwohner

Das kleine Festungsstädtchen über dem Stura-Tal ist die Trüffelhauptstadt des Monferrato: Die **Fiera del Tartufo** am dritten Oktoberwochenende ist weniger überlaufen als die bekanntere Messe in Alba. Einen wunderbaren Blick auf die Barbera-Hügel hat man von den runden Eckbastionen aus, die man besteigen kann, wenn man schwindelfrei ist (Schild »Belvedere Bonaventura«). Bei einem Spaziergang durch die engen Gassen der autofreien Altstadt sollte man in der Via Testa Fochi bei der Kirche **Madonna delle Grazie** und dem angrenzenden **Palazzo Testafochi** mit schönen barocken Backsteinfassaden vorbeischauen..

20 km nördl. von Asti

Po-Ebene und Biellese

Reis, Wein, Textilindustrie und Wallfahrt: Zwischen den Flüssen Ticino und Orco erstreckt sich eine erstaunlich vielseitige Kulturlandschaft.

◄ Die Reisfelder rund um Novara
(▶ S. 84) wurden von Zisterzienser-
mönchen erschlossen.

Nichts als flache Landschaft und ge-
flutete Reisfelder – schon seit dem
Mittelalter wird die Landschaft rund
um Vercelli und Novara von den die
meiste Zeit des Jahres gefluteten Ge-
treidefeldern dominiert. Kein Wunder, dass die knackigen Körner auch
die Küche beherrschen, vom Anti-
pasto bis zum Reiseintopf. Dort, wo
das flache Land in Richtung Alpenkette aufsteigt, gedeihen in den Colline Novaresi rund um Ghemme und
Gattinara exzellente Rotweine. 1817
importierte der Unternehmer Pietro
Sella die erste Spinnmaschine aus
Belgien ins Piemont und industriali-
sierte die Hügellandschaft rund um
Biella. Später schrieb Olivetti in Ivrea
Industriegeschichte. Über der wirt-
schaftlich so bedeutenden Region
thront mit Oropa das wichtigste Marienheiligtum Italiens.

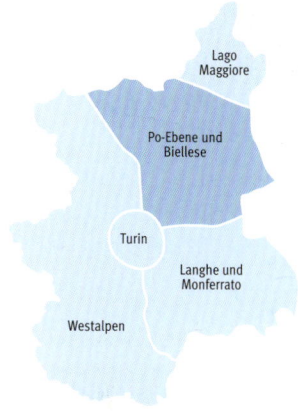

Vercelli   📖 F 5

47 000 Einwohner

Die Anfahrt auf das herrschaftliche
Vercelli ist weitgehend schmucklos:
Hat man die schnurgeraden Straßen
durch die unendlichen Reisfelder
überwunden, zeigen brachliegende
Industriegelände, dass die Wirtschaft der Provinzhauptstadt schon
bessere Zeiten gesehen hat. Vercelli
war schon den Kelten bekannt, doch
ihre Blüte hatte die Stadt am Sesia-
Fluss im Mittelalter, als Benedikti-
ner- und Zisterziensermönche die
Schwemmebene im 16. Jh. zum
wichtigsten Reisanbaugebiet Europas machten. Noch heute befindet
sich hier der Hauptumschlagplatz
für Reis in Italien.

SEHENSWERTES

Basilica di Sant'Andrea

Die romanisch-gotische Basilika von
1227 mit ihrer beeindruckenden
Fassade aus grüngrauem Gestein
und zwei hohen Kampanilen aus
Ziegelstein sowie den romanischen
Bogengängen entlang der Fassade
des Kirchenschiffs gilt als die wichtigste Kirche der Stadt. Im Innern
beeindruckt das frühgotische Kreuz-
rippengewölbe. In der letzten rechten Seitenkapelle befindet sich das
wertvolle Grabmal des Abts Tommaso Gallo, im Chor gibt es wertvolle Holzintarsien (1514) zu sehen.
Nicht verpassen sollte man den
Kreuzgang des angeschlossenen Re-
naissanceklosters, der über eine unscheinbare Seitentür auf der linken
Seite des Chors zugänglich ist.
Via Galileo Ferraris

Cattedrale di Sant'Eusebio

Der pompöse Dom von Vercelli ist
ein beeindruckender Stilmix: Von
der mittelalterlichen Kapelle ist nur
noch der Glockenturm übrig, das
mehrmals erweiterte Kirchenschiff

stammt aus dem 16. Jh. Die mächtige Vorhalle ist klassizistisch, die große Kuppel stammt hingegen aus dem 19. Jh. Die reichen Kunstschätze im Kircheninnern stammen ebenfalls aus mehreren Epochen. Ganzer Stolz der Gemeinde ist das große Kruzifix aus Blattsilber, das frei im Kirchenschiff hängt.

Piazza Sant'Eusebio

MUSEEN

Museo del Tesoro del Duomo

Neben dem Dom befindet sich der Palast des Erzbischofs (Palazzo Archivescovile) mit dem Domschatz. Er umfasst neben Statuen und religiösen Kultgegenständen eines der ältesten Dokumente der altenglischen Sprache: das »Vercelli Book« aus dem 10. Jh. Warum es ausgerechnet nach Vercelli kam, ist ungeklärt.

Piazza Alessandro d'Angennes 5 • Tel. 0 16 15 16 50 • www.tesorodelduomovc.it • Mi–Sa 15–18, Sa 10–12 und 15–18, So 15–18 Uhr • Eintritt 5 €

Museo Leone

Das kleine Museum ist in zwei Residenzen städtischer Kleinadelsfamilien untergebracht. Der barocke Palazzo Langosco gehörte dem Notar und Museumsstifter Camillo Leone, der hier archäologische Fundstücke, eine Skulpturensammlung aus dem Mittelalter und eine umfangreiche Dokumentation zur Stadtgeschichte zusammengetragen hat. Prunkstück der Sammlung ist eine zweisprachige Stele di Acisio (1. Jh. v. Chr.) mit Inschriften in keltischen und lateinischen Schriftzeichen.

Via Verdi 30 • Tel. 01 61 25 32 04 • www.museoleone.it • Di–Fr 15–17.30, Sa, So 10–12 und 15–18 Uhr • Eintritt 7 €, Kinder 5 €

SPAZIERGANG

Der Spaziergang beginnt am Bahnhof von Vercelli und führt zunächst auf der Via Galileo Ferraris an der **Basilica di Sant'Andrea** vorbei. Auf der rechten Seite befindet sich das lange Gebäude des **Ospedale Maggiore**, das einst als Unterkunft für Pilger diente und heute die Philologische Fakultät beherbergt – in Vercelli wurde im 13. Jh. die erste Universität des Piemont gegründet, heute ist die Hochschule Teil eines Universitätsverbunds. Folgen Sie dem Straßenverlauf vorbei an prächtigen Adelshäusern und der ehemaligen Kirche von **San Marco**, die zeitweise als Markthalle genutzt wurde und heute unregelmäßige Wechselausstellungen beherbergt. Gleich gegenüber steht ein prächtiges Beispiel romanischer Baukunst: die Ziegelsteinkirche **San Bernardo** (tgl. 7.45–11.45 und 16–18.30 Uhr). Die Straße führt nun zur guten Stube der Stadt: der prächtigen **Piazza Camillo Cavour** mit ihren Palazzi, schicken Lokalen, Restaurants und der ehemaligen Chiesa di San Tommaso, in der sich heute eine Sparkassenfiliale befindet. Dies ist der perfekte Ort für eine Kaffeepause oder ein ausgiebiges Mittagessen, natürlich mit einem leckeren Risotto! Außerdem findet auf dem Platz jeden Dienstag und Freitag der Wochenmarkt statt. Im Sommer gibt es zahlreiche Konzerte und im Dezember einen Weihnachtsmarkt. Überragt wird dieses schöne mittelalterliche Ensemble von der achteckigen, spätgotischen **Torre degli Angeli** (14. Jh.). Von der Piazza Camillo Cavour gehen Sie erst in die Via Giuseppe Verdi, vorbei am Museo Leone, und biegen rechts in die enge Via San Michele ein. Dieser

Das flache Land in der Po-Ebene zwischen Novara (▶ S. 84) und Vercelli (▶ S. 81) ist geprägt von ausgedehnten Reisfeldern.

folgen Sie bis zum Ende, wo Sie auf die Via Duomo treffen, die linker Hand geradewegs auf die Kuppel von **Sant'Eusebio** zuführt. Vor dem Dom liegt der große, grüne, von Kastanien und jahrhundertealten Nadelbäumen gesäumte Domplatz mit einem großen Brunnen. Jetzt sind es nur noch wenige Schritte bis zum Ausgangspunkt des Spaziergangs am Bahnhof.

ÜBERNACHTEN UND ESSEN UND TRINKEN

🍃 **Borgo Ramezzana Country House** 👥

Am Rande der Reisfelder • Der alte Gutshof war im Mittelalter Außenstelle des Klosterguts von Lucedio. Heute übernachtet man hier in romantischen, individuell eingerichteten Zimmern. Großer Garten, Pool und im Restaurant gehobene piemontesische Küche.

Trino • Strada Provinciale 7 • Tel. 01 61 82 94 12 • www.borgoramezzana.it • 10 Zimmer • ♿ • €€
22 km südwestl. von Vercelli

Hotel Ristorante il Giardinetto

Regionale Küche • Spezialität: der für Vercelli typische Reiseintopf »panissa« mit Bohnen, Zwiebeln, Barbera, Speck und Salami. Die Zimmer sind zwar einfach, aber sauber.
Via Luigi Sereno 3 • Tel. 01 61 25 72 30 • www.ilgiardinettovercelli.it • 8 Zimmer • €€

D'Italia

Schick am Platze • Die Bar ist ideal für eine Kaffeepause oder einen Aperitif mit Blick auf die Piazza Cavour. Das Restaurant im ersten Stock glänzt mit tollem Service, einfacher Küche und günstigem Mittagstisch.
Via G. Ferraris 2 • Tel. 01 61 70 06 93 • tgl. 7.30–23.30 Uhr • €

SERVICE
ATL Valsesia Vercelli
Viale Garibaldi 90 • Tel. 0 16 15 80 02 •
www.atlvalsesiavercelli.it • Di–Sa
9–13 und 14.15–18 Uhr

Ziele in der Umgebung
◎ **Principato di Lucedio**   E 5
Im 11. Jh. erschlossen Zisterziensermönche die Schwemmlandebene
zwischen Casale Monferrato und
Vercelli, legten schnurgerade Straßen
und Kanäle an und stiegen durch den
einträglichen Reisanbau schnell zu
einer wirtschaftlichen Großmacht
auf. Das Kloster dehnte sich immer
weiter aus und gründete zahlreiche
Außenstellen. Diese Grangien sind
heute eigenständige Gutshöfe. Stolz
der ehemaligen Abtei, die sich heute
in Privatbesitz befindet, ist die Kirche
Santa Maria di Lucedio (1175) im
prächtigen lombardischen Barockstil. Daneben befinden sich die Wirt-
schaftsräume des Reisguts, dessen
Reisspezialitäten in einem kleinen
Hofladen verkauft werden.
Trino • Frazione Lucedio • Tel. 0 16 18
15 19 • www.principatodilucedio.it •
Besichtigung sonntags zu unter-
schiedlichen Uhrzeiten • Eintritt 5 €
20 km südwestl. von Vercelli

Novara   F 4
100 000 Einwohner
Stadtplan ▸ S. 85
Die zweitgrößte Stadt des Piemont
zwischen den Flüssen Ticino und
Sesia ist heute Verkehrsknotenpunkt
zur Lombardei. In der Vergangenheit
war sie Schauplatz von Schlachten
zwischen Frankreich, Habsburg und
Spanien sowie Savoyen und Österreich. Deshalb ist von den alten
Grundfesten des römischen Novaria
außer dem rechteckigen Straßennetz
wenig übrig geblieben. Die Stadt ist
insbesondere von spätbarocken und
klassizistischen Prachtbauten geprägt, wie dem überdimensionierten
Dom **Santa Maria Assunta** aus dem
19. Jh., für dessen Bau die bedeutendste romanische Kathedrale der
Po-Ebene geschleift wurde. Gleich
vor den Toren der Handelsstadt beginnen die weiten Reisfelder der Po-
Ebene, und jeder, der in Novara etwas auf sich hält, hat sein eigenes
Risotto-Rezept.

SEHENSWERTES
Basilica di San Gaudenzio
▸ S. 85, b 1/2
In dem 1659 vollendeten Monumen-
talbau werden die Gebeine des hl.
Gaudenzio, Stadtpatron von Novara,
aufbewahrt. Als wäre das frühbarocke Bauwerk des Architekten Pel-
legrino Tibaldi (1577) nicht schon
beeindruckend genug, wurde ihm
Mitte des 19. Jh. eine Vierungskuppel
aufgesetzt, die mit ihren stolzen
121 m als Wahrzeichen der Po-Ebene
gilt. Die Konstruktion besteht, ganz
gegen den Trend der Zeit, aus tragen-
den Pfeilergalerien und stammt aus
der Feder von Alessandro Antonelli,
Baumeister der Mole Antonelliana in
Turin. Eine Kuppelbesichtigung ver-
mittelt das Tourismusamt.
Via Gaudenzio • tgl. 7.30–12 und 15–
19 Uhr

Broletto
▸ S. 85, b 2
Im mittelalterlichen Regierungsvier-
tel hatten rund um den kleinen, von
Bogengängen gesäumten Platz die
wichtigsten politischen Institutionen der freien Stadtrepublik Novara
ihren Sitz: Der **Palazzo dell'Aregno**
mit dem Ratssaal (13. Jh.) ist heute
das Rathaus der Stadt, im **Palazzo**

dei Paratici berieten sich die Handwerkerbünde. Im ehemaligen Haus der Stadtkämmerer, dem **Palazzo dei Referendari** (14. Jh.), ist das zeitgenössische Kunstmuseum Galleria d'Arte Moderna Paolo e Adele Giannoni untergebracht.

Complesso Monumentale del Broletto • Via Fratelli Rosselli 21 • Sommer 10–13 und 16–19 Uhr, Winter Di–Do 9–12 und 15–18 Uhr • Eintritt 5 €, Kinder 3 €

ÜBERNACHTEN
La Torre dei Canonici

▶ S. 85, südwestl. a 3

Residenz mit Charme • Mitten in den Reisfeldern liegt der Wehrturm aus dem 15. Jh. Jedes Zimmer ist individuell mit Stilmöbeln eingerichtet. Das Frühstück ist reichlich; ein Wellnesscenter sorgt für Entspannung.

Lumellogno • Via San Rocco 17 • Tel. 03 21 46 99 00 • www.latorredei canonici.com • 11 Zimmer • €€ 8 km südwestl. von Novara

EINKAUFEN
Camporelli

▶ S. 85, b 2

Traditionelle Keksfabrik • In einer kleinen Seitenstraße der Via Cavour gibt es die für Novara typischen Hartkekse »biscottini di Novara«, die hier seit 1852 traditionell ohne Laktose, sondern nur aus Ei, Zucker und Mehl hergestellt werden.

Vicolo Monte Ariolo 3 • Tel. 03 21 62 06 89 • www.camporelli1852.it • Mo–Sa 8.30–13 und 15–19.30, So 9–13 und 15–19.30 Uhr

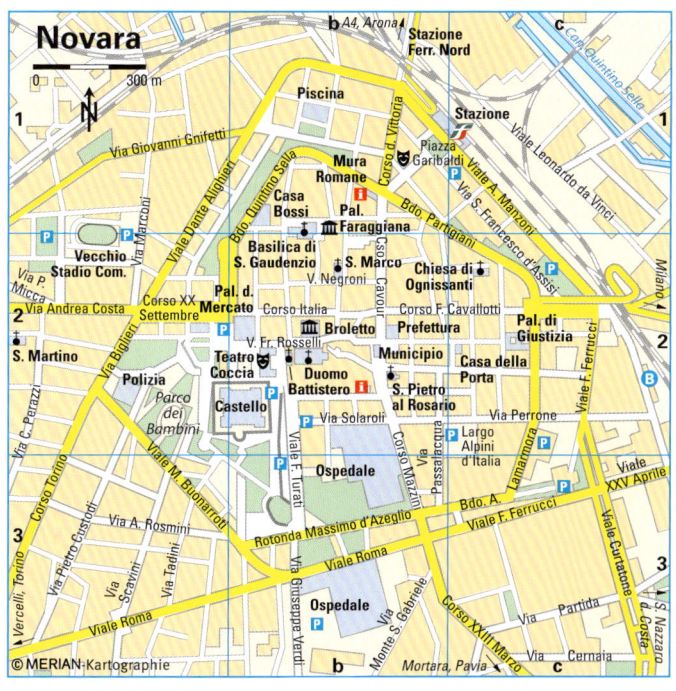

SERVICE
AUSKUNFT
ATL Novara   ▶ S. 85, b 1
Baluardo Quintino Sella 40 • Tel. 03 21
39 40 59 • www.turismonovara.it •
Mo–Fr 9–13 und 14–18 Uhr

Biella   📖 E 4

46 000 Einwohner

Tuch- und Wollproduktion hat in
Biella Tradition, und das spürt man
noch heute. Über 50 Factory Outlets
bekannter Marken wie Cerruti und
Modesto Bertotto verkaufen im Fabrikverkauf rund um die kleine Tex-
tilstadt edle Hemden, Kleider und
Kaschmirwaren. Das alte Biella in
der Unterstadt (Piano) und die neu-
ere und reizvollere Oberstadt (Pi-
azzo) sind durch eine Zahnradbahn
verbunden.

Sehenswert sind in der Unterstadt
vor allem der **Duomo di Biella** mit
seiner Trompe-l'œil-Malerei, die
weitgehend ohne bunte Farben aus-
kommt. Gleich daneben steht einer
der wenigen mittelalterlichen Bau-
ten von Biella, das frühromanische
Baptisterium (um 1040) aus Ziegeln
und Flusssteinen. Die höher gelegene, verschlafene Oberstadt mit ihren mittelalterlichen Palästen rund
um die **Piazza Cisterna** ist ein echtes
Schmuckstück.

EINKAUFEN

The Place Luxury Outlet
Hier findet man die Outlets der italienischen Edelmarken Ermenegildo
Zegna, La Perla, Agnona und Gucci
versammelt, und nach dem Einkauf
kann man im Café verschnaufen.
Sandigliano • Via Cesare Battisti 99 •
www.theplaceoutlet.com • Tel. 01 52
49 61 99 • tgl. 10–19 Uhr
7 km südöstl. von Biella

SERVICE
ATL Biella
Piazza Vittorio Veneto 3 • Tel. 0 15 35
11 28 • www.atl.biella.it • Mo–Fr 8–18,
Sa 9–12.30 und 14.30–17.30 Uhr

Ziele in der Umgebung

◎ Candelo   📖 E 4

8000 Einwohner

Eigentlich bleiben vom Mittelalter
meist die noblen Paläste, Adelsresi-
denzen und Kirchen übrig. Nicht so
in Candelo: Der **Ricetto** ist eine
Verteidigungsanlage der Kleinbau-
ern und Bürger, die in fast 200 noch
perfekt erhaltenen Stallungen und
Lagerhallen vor allem Vieh, Getreide und Wein verbarrikadierten.
Wohnen war im Ricetto nur im
Kriegsfall erlaubt, deshalb ist die
Anlage aus Backstein und Flusskie-
seln heute noch perfekt und voll-
ständig erhalten. Von den wuchtigen Ecktürmen der Anlage aus dem
13./14. Jh. hat man einen schönen
Ausblick auf das Cervo-Tal. Heute
haben sich in den alten Lagerhäu-
sern Künstlergeschäfte, Werkstätten
und Tavernen niedergelassen, regelmäßig finden Mittelaltermärkte und
Gastro-Events statt. Jedes gerade
Jahr werden die alten Magazine außerdem mit Blumen um die Wette
geschmückt.
Piazza Castello • mehr Informationen
unter www.candeloeventi.it • Eintritt
frei außer bei Veranstaltungen
10 km südöstl. von Biella

ESSEN UND TRINKEN

Il Torchio 1763
Historisches Gemäuer • Ein riesiger,
rund tausendjähriger Eichenstamm
diente noch bis in die 1960er-Jahre
hinein als Weinpresse. Heutzutage
wird in modern-mittelalterlichem

In die alten Lagerhallen des Ricetto di Candelo (▶ S. 86), die im Mittelalter Vieh, Getreide und Wein schützten, sind Läden, Lokale und Werkstätten eingezogen.

Ambiente unter dem eindrucksvollen historischen Presssystem gehobene piemontesische Küche zubereitet. Unbedingt probieren sollte man den »risotto alla Biellese« mit Nebbiolo-Wein und im Parmesankörbchen gereicht. Auch der Hauswein ist nicht zu verachten.
Borgo Ricetto • Tel. 01 52 49 90 28 und 34 04 21 38 51 • www.facebook. com/pages/IL-TORCHIO-1763 • Mi–So 19–23 Uhr, So auch mittags • €€

◎ Castello di Masino 👯

📖📖 D 4

Über tausend Jahre hat die Adelsfamilie Valperga durchgehend das märchenhafte Schloss bewohnt. Erst 1988 hat der italienische Denkmalschutzverein FAI es mitsamt seinem Inventar übernommen – darum ist die Einrichtung noch original. Die mit prächtigen Fresken verzierten Wände und kunstvoll möblierten Prunksäle zeugen von einem fürstlichen Leben. Die Lage des Schlosses ist einzigartig: Von den Terrassen blickt man auf die unnatürlich wirkende Bergformation der Serra, deren 400 m hoher, schnurgerader Wall die größte Gletschermoräne Europas bildet. Dahinter liegt das steil aufragende Gebirgspanorama der Alpen. Im englischen Schlossgarten gibt es ein großes Labyrinth für die Kleinen.

Caravino • Tel. 01 25 77 81 00 • www.visitfai.it/castellodimasino • April, Mai, Okt. Di–So 10–18 Uhr, Juni–Sept. Mo–Fr 10–18, Sa, So 10–19 Uhr • Eintritt 6 €, Kinder 3 €
32 km südwestl. von Biella

◎ Ghemme   F 4
3700 Einwohner

In den Hügeln von Novara, den **Colline Novaresi**, wächst nicht nur ein exzellenter Nebbiolo-Wein, das kleine Weindorf ist auch für Grappa, Essig und Honig bekannt. Ein Aus-

flug in die Vergangenheit ist das Burgviertel **Castello Ricetto**: In das befestigte Ortszentrum flüchteten die Bauern der Umgebung, um sich vor Plünderungen zu schützen. Noch heute kann man durch die engen Innenhöfe und Kornspeicher spazieren. Vom 25. April bis zum ersten Mai-Wochenende können Sie im alten Wachhaus **Sala delle Guardie** bei der Weinmesse Mostra Mercato Vino Ghemme DOCG die besten Tropfen der Region verkosten, anschließend gibt's im Innenhof deftige Wurstwaren zu probieren.
44 km östl. von Biella

EINKAUFEN
◆ Distillerie Francoli

Vor den Toren von Ghemme kann man bei den Gebrüdern Francoli Wein, Spumante, Wodka und Liköre kaufen, der hauseigene Grappa wird sogar klimaneutral destilliert.

Die Oasi Zegna (▶ S. 89) ist zu jeder Jahreszeit reizvoll: Hier lässt sich wandern, mountainbiken, reiten und sogar Ski fahren.

Via per Romagnano 69b • Tel. 01 63 84 13 20 • www.casafrancoli.it • Mi–Mo 9–12.30 und 14.30–19.30 Uhr

◎ Oasi Zegna   E 3

Ermenegildo Zegna war wohl der erste private Naturschützer Italiens: Der philanthropische Textilproduzent aus Trivero baute in den 1930er-Jahren nicht nur Freizeitanlagen für die Arbeiter seiner Wollkämmerei, sondern kaufte die ganze Bergkette rund um seinen Heimatort, ließ die Voralpenhügel aufforsten und eine Panoramastraße anlegen. Die **Panoramica Zegna** ist heute aus bürokratischen Gründen eine öffentliche Straße, aber die etwa 100 km² Wald der Naturoase sind noch immer in Familienbesitz. Hier können Sie auf 26 vorbildlich ausgeschilderten Wanderwegen Flora und Fauna erkunden. Vier Mountainbikestrecken, fünf Reitwege und eine Skipiste sorgen für sportliche Abwechslung. Ein kurzer Spazierweg führt auf den vielleicht schönsten Panoramapunkt der Oasi Zegna: die kleine Wallfahrtskirche von **San Bernardo**. Von hier reicht der Blick über die Reisfelder der Po-Ebene bis zu den Westalpen und auf den Monte Rosa. Umfangreiches Info-Material hilft bei der Orientierung.

Trivero • Panoramica Zegna • www.oasizegna.com

25 km nördl. von Biella

◎ Oropa   D 3

Das Bergheiligtum unter der steilen Felswand des **Monte Mucrone** gehört zu den wichtigsten Marienwallfahrtsorten Italiens. Eusebius, der erste Bischof von Vercelli, brachte der Legende nach 369 n. Chr. eine hölzerne Madonnenstatue aus dem Heiligen Land mit. Die Schwarze Madonna aus Zirbelholz, die hier verehrt wird, stammt aber erst aus dem 13. Jh. In den oft wolkenverhangenen Voralpen bei Biella erwartet den Besucher ein riesiger Gebäudekomplex mit übereinander gestaffelten Höfen, umgeben von kolossalen Barockgebäuden (17. Jh.). Ein Besuch in Oropa lässt sich mit einer Seilbahnfahrt verbinden. Ab der Bergstation auf 1900 m Höhe führt ein Spazierweg an den Gletschersee **Lago del Mucrone**.

Im **Hochseilgarten** hinter dem Heiligtum geht es in schwindelerregender Höhe durch die Baumkronen des Buchenwalds. Neben einer 170 m langen Seilbahn bietet die Anlage auch einen Kletterwald für Kleinkinder (www.parcoavventuraoropa.wix.com/oropa).

Via Santuario di Oropa 480 • www.santuariodioropa.it • Hochseilgarten: April–Juni Sa, So 11–18 Uhr, Juni, Juli, Sept. Di–So 11–18 Uhr, Mitte Juli–Ende Aug. 11–19 Uhr, letzter Einlass 2 Std. vor Schließung • Eintritt 20 €, Kinder bis 13/6–8/3–5 Jahre 15/10/5 €

15 km nordwestl. von Biella

◎ Parco Burcina   D/E 4

Um die Mitte des 19. Jh. verwandelte die Industriellenfamilie Piacenza bei Biella einen ganzen Hügel in einen Botanischen Garten. Von hier hat man einen schönen Blick auf die Westalpen, und auf dem Südhang blühen im Mai und Juni unzählige Rhododendren in verschwenderischer Pracht. Im Juli und August stehen die Hortensien in voller Blüte.

Pollone • www.parcoburcina.org • Sonnenauf- bis Sonnenuntergang • Eintritt frei

8 km nordwestl. von Biella

Lago Maggiore

Wild und mediterran, einsam und überlaufen, ursprünglich und touristisch: Der Lago Maggiore hat viele Gesichter. Sein ganz besonderer Charme lockt Urlauber aus aller Welt an.

◄ Die Isola Bella (► MERIAN TopTen, S. 96) ist die berühmteste borromäische Insel.

Den schönsten Blick auf den Norden des Piemont hat man vom Monte Mottarone aus: Der 1491 m hohe Berg blickt auf die Ossola-Täler und die nahe Schweiz, im Westen liegen der Monte Rosa und die engen Alpentäler des Valsesia. Im Osten erstreckt sich der Inbegriff oberitalienischer Seeromantik: der Lago Maggiore. Das Westufer mit seiner subtropischen Vegetation, den üppigen Parks, Rhododendren, Kamelien, Palmen und verspielten Villen gilt seit Jahrhunderten als romantischer Traum einer italienischen Landschaft. Hier lustwandelten gekrönte Häupter und zog sich die feudale Welt während der bürgerlichen Revolutionen im 18. und 19. Jh. zurück, um sich selbst zu feiern. Der Westteil des über 65 km langen und im Schnitt nur 4,5 km breiten Sees gehört zum Piemont, das weniger erschlossene Ostufer ist Teil der Lombardei, und der Nordteil gehört zum Schweizer Kanton Tessin. Das mediterrane Flair der Seeterrassen von Stresa, Feriolo und Cannobio lockt viele Urlauber aus Mitteleuropa an, und am See spricht man häufig auch Deutsch. Wem Prunk und Kommerz zu viel werden, der zieht sich in die stillen Bergtäler zurück – in nur wenigen Autominuten wird es im Parco Nazionale Val Grande oder in den Tälern von Domodossola richtig einsam.

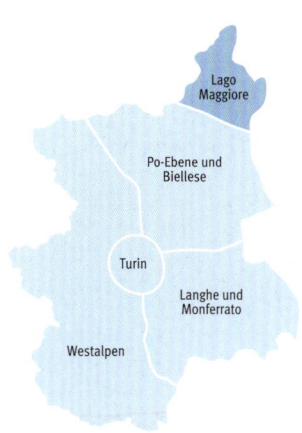

Verbania 📖 F 2

31000 Einwohner
Ein ziemlich ungleiches Paar, das 1939 unter dem Namen Verbania zusammengeschlossen wurde: Das mondäne Pallanza und das geschäftige Intra könnten unterschiedlicher nicht sein. Im Stadtteil **Pallanza** reiht sich eine Villa an die nächste. Hinter hohen Mauern verbergen sich prächtige Gärten und eklektische Jugendstilvillen, die eines gemeinsam haben: den wunderbaren Blick auf die Borromäischen Inseln und den See. Die parkähnliche Uferpromenade zeugt noch heute von der Glanzzeit Pallanzas als berühmter Kurort. Höhepunkt dieser Parade von Pracht und Luxus ist die **Villa Taranto**, einer der bemerkenswertesten botanischen Gärten Europas. Am Nordufer des Flusses San Bernardino liegt das geschäftige **Intra**, das große Handelszentrum, wo die Autofähren Richtung Laveno auf der lombardischen Seeseite ablegen. Entlang der Seepromenade **Lungolago** mit ihren bunten Palazzi schlägt das Herz der Handelsstadt. In der Fußgängerzone, der schmalen **Via San Vittore,** kann man bummeln und shoppen, während rund um die Kirche San Vittore Restaurants und Straßencafés zum Schlemmen einladen.

SEHENSWERTES
Giardini di Villa Taranto

In den Gärten der Villa Taranto grünt und blüht es, dass es eine wahre Freude ist – freilich gartenbautechnisch bestens geplant. Ein Meer von Rhododendren, Azaleen, Magnolien, ein Labyrinth aus Dahlien und ein See aus Lotusblüten. Im Frühjahr spaziert man durch angeblich 80 000 Tulpen. Der schottische Edelmann Neil Boyd Watson McEachan schuf hier Hügel, Täler, Wasserläufe und Terrassen, bei deren Perfektion kein Pflänzchen aus Zufall wächst – eine einzigartige Mischung aus englischer und italienischer Gartenbaukunst. Heute ist der Park öffentlich, in der stattlichen Villa residiert der Präfekt.
Pallanza • Via Vittorio Veneto • Tel. 03 23 40 45 55 • tgl. Mitte März–Sept. 8.30–18.30, Okt.–Anfang Nov. 9–16 Uhr • Eintritt 10 €, Kinder 5,50 €

 MERIAN Tipp

SCHLEMMEN AM LAGO MAGGIORE

Bei Eros in Intra gibt es alles, was das Feinkostherz begehrt: feine Wurstwaren, edlen Käse und natürlich Spitzenweine, die man auch in der Degustationsecke probieren kann.   ▸ S. 17

MUSEEN
Museo del Paesaggio di Verbania

Das in einem barocken Palazzo in Pallanza untergebrachte Museum zeigt eine kleine archäologische Sammlung sowie Werke der realistischen lombardischen Landschaftsmalerei des 19. Jh.
Pallanza • Via Ruga 44 • Tel. 03 23 55 66 21 • www.museodelpaesaggio.it • Di–So 11–19 Uhr • Eintritt 5 €, bis 14 Jahre frei

ESSEN UND TRINKEN
Osteria dell'Angolo

Raffinierte Fischküche • Tiziano serviert in seinem kleinen Lokal Regionalküche und leckere Fischgerichte. Besonders romantisch ist die Laube – unbedingt reservieren!
Pallanza • Piazza Garibaldi 35 • Tel. 03 23 55 63 62 • Di–So 12–14 und 19.30–22 Uhr • €€

Ristorante La Tavernetta 🎎

Netter Innenhof • Kleines, ehrliches Restaurant in der Altstadt von Intra. Rustikale Fischgerichte und Meeresfrüchte, aber auch Fleischgerichte wie Rindertartar mit Feigen, Steinpilzen und Haselnussöl.
Intra • Via San Vittore • Tel. 03 23 40 26 35 • Mi–Mo 12–14 und 19.30–22 Uhr • €

SERVICE
AUSKUNFT
Comune di Verbania – Ufficio informazioni turistiche

Pallanza • Corso Zanitello 6/8 • Tel. 03 23 50 32 49 • www.verbania-turismo.it

Ziele in der Umgebung
◎ **Arona**   F 3

Ganz im Süden des Lago Maggiore spürt man die Nähe zu Mailand: Am Wochenende füllen sich die Gassen und die geschäftige Einkaufsstraße Via Cavour mit Tagesausflüglern aus der lombardischen Hauptstadt. Am schönsten ist es in Arona an der Uferpromenade mit Blick auf die wuchtige Burg von Angera.

Über dem Ort liegen die Reste der massiven Burg von **Rocca di Arona**, die 1800 unter Napoleon gesprengt wurde. Das Baumaterial wurde für die Befestigung der Strada del Sempione verwendet – die Fernstraße sollte Mailand über den Simplon-Pass direkt mit Paris verbinden. Heute kann man in den Überresten der Burg spazieren, der Blick Richtung Norden in das Tal des Lago Maggiore ist fantastisch.

33 km südl. von Verbania

SEHENSWERTES
Angera 👫

Auf der lombardischen Seite des Sees liegt das Städtchen Angera, das zur Provinz Varese gehört. In rund fünf Minuten erreicht man es mit einem kleinen Shuttleboot, ein gut ausgeschilderter Weg (Wegweiser »Rocca Borromeo«) führt in 20 Minuten auf die größte Burganlage des Lago Maggiore. Der strategisch günstig gelegene Felsen wurde schon unter den Römern befestigt und von den Mailändern um 1350 massiv ausgebaut und mit Zinnen gekrönt. Im Innern ist die Sala di Giustizia mit ihrem monumentalen Freskenzyklus (1314) besonders sehenswert, außerdem gibt es ein kleines Puppen- und Spielzeugmuseum.

Rocca d'Angera • Tel. 0 32 33 05 56 • www.isoleborromee.it • Mitte März–Ende Okt. 9–17.30 Uhr • Eintritt 9 €, Kinder 5,50 € • Linienboote ab Arona, Stresa und Pallanza (www.navigazionelaghi.it)

Colosso San Carlo 👫

Die Familie der Borromäer spielte nicht nur in Politik und Wirtschaft eine wichtige Rolle, sondern auch in der katholischen Kirche. 1538 wurde

Der Garten der Villa Taranto (▶ S. 92) ist im englischen Stil angelegt, aber italienische Elemente wie Brunnen und Wasserspiele sind ebenfalls vorhanden.

in der Burg von Arona der spätere Kardinal von Mailand, Carlo Borromeo geboren, der zu einem der wichtigsten Vertreter der Gegenreformation wurde und ganz anders als seine adlige Familie asketisch lebte. Was hätte der 1610 heiliggesprochene San Carlo wohl zu dem ganz und gar unbescheidenen monumentalen Koloss gesagt, der ihm zu Ehren 1697 hoch über Arona errichtet wurde? Die riesige Statue aus Kupfer ist 23,50 m hoch und über eine steile Leiter im Innern begehbar, die bis auf den Kopf der Statue führt. Durch San Carlos Augen hat man einen traumhaften Blick über den Lago Maggiore.

Piazzale San Carlo • April–Mitte Okt. tgl. 9–12.20 und 14–18.15 Uhr, im Winter nur Sa, So 9–12.30 und 14–16.30 Uhr, Jan. geschl. • Eintritt 5 €, Kinder bis 5 Jahre frei

◎ Baveno   F 2
5000 Einwohner

In den Hängen des Mottarone-Massivs über Baveno klafft eine große Lücke: Bereits seit dem 16. Jh. wird hier rosa schimmernder Granit abgebaut. Hinter hohen Mauern kann man aus der Ferne die schönsten historischen Villen des Westufers entdecken. Nach einem Spaziergang entlang dem Seeufer mit seinen Cafés und Restaurants mit Blick auf die Borromäischen Inseln lohnt ein Abstecher zur Pfarrkirche **Chiesa dei Santi Gervaso e Protaso** mit ihren barocken Kolonnaden und dem schlanken, romanischen Glockenturm aus grobem Gestein. Besonders romantisch ist die Uferpromenade des Ortsteils **Feriolo**, die zu den schönsten am Lago Maggiore gehört. 18 km südwestl. von Verbania

ÜBERNACHTEN UND ESSEN UND TRINKEN

Hotel Ristorante Serenella
Erstklassiger Service • Dieses kleine Hotel besticht durch seine exzellente Küche (unbedingt probieren: Enten-Ravioli!), serviert im schicken Restaurant oder – noch schöner – auf der Terrasse. Auch der Empfang ist perfekt. Die Zimmer sind zwar zweckmäßig, aber sauber.

Baveno-Feriolo • Via Quarantadue Martiri 5 • Tel. 0 32 32 81 12 • www.hotelserenella.net • €€€

🌿 B&B Il Feriolo
Mit Frühstücksterrasse • Paola und Alberto haben ihre kleine Villa zum Niedrigenergiehaus umgebaut, die antiken Möbel in den Zimmern haben sie selbst renoviert. Das größere Zimmer »Ortensia« hat sogar Seeblick. Der einzige längere, zusammenhängende Radweg des Lago Maggiore führt fast genau am Haus vorbei: von Feriolo durch das Flussdelta des Toce und weiter zum Lago Mergozzo.

Feriolo • Via Caretto 14 • Tel. 33 84 85 38 84 • www.ilferiolo.it • 2 Zimmer • €€

AM ABEND

Lido Beach Club
Die Drinks sind zwar teuer und das Personal eitel, doch die Lage der trendigen Strandbar und Disko direkt am See ist einfach unschlagbar. Tagsüber Sonnenliegen, ab 18 Uhr Aperitif mit Snacks und am Wochenende wird von Juni bis September mit DJs und Livemusik bis spät in die Nacht gefeiert.

Baveno • Via Piave 66 • Tel. 03 23 92 28 56 • www.lidobaveno.it • tgl. 9–2 Uhr

◉ Cannero Riviera [G 2]

1000 Einwohner

Der zauberhafte Ort trägt den Beinamen Riviera, weil hier an der sanften Flussmündung an der sonst steilen Nordwestseite des Lago Maggiore in einem besonderen Mikroklima Kamelien blühen und Zitrusfrüchte wachsen. Die beiden Burgruinen auf den felsigen Inseln vor Cannero blicken auf eine ereignisreiche Geschichte zurück. Sie dienten im 12. Jh. den Mailändern als Trutzburg im See, später Piraten als Fluchtburg und wurden schließlich von den Borromäern als Lustschloss ausgebaut, aber zugunsten der Isola Madre wieder verlassen. Seither liegen die Eilande einsam im Lago Maggiore und geben ein stimmungsvolles Bild ab. Am schönsten ist der Blick freilich von oben: Ein Wanderweg führt durch Terrassengärten und Kastanienforste in einer Stunde ins mittelalterliche Dorf **Carmine Superiore** mit der gut erhaltenen Kirche San Gottardo (13. Jh.), in das bis heute nur ein Maultierpfad führt. Wer will, kann noch eine Stunde bis **Cannobio** weiterwandern und komfortabel mit dem Linienboot zurückschippern.

15 km nordöstl. von Verbania

◉ Cannobio [G 2]

5200 Einwohner

Kurz vor der Grenze zur Schweiz liegt ein Ort, der so ziemlich alles hält, was der Lago Maggiore verspricht: eine bezaubernde Hafenpromenade, eine verwunschene Altstadt mit mittelalterlichen Bogengängen und engen Gassen, die steil zum See hinab führen, und einen langen Platz am Hafen, auf dem man vom süßen Leben sanft geliebt werden kann. Wenn dann am Donnerstag- und Sonntagmorgen auf der Uferpromenade noch Käse, Wurst und Fisch aus der Region und ganz Italien neben allerlei Plunder feilgeboten werden, ist der Urlaubsgenuss perfekt!

22 km nordöstl. von Verbania

⭐ 10 MERIAN Tipp

ZAUBERSCHLOSS VILLA MARGHERITA

Dolce-Vita-Feeling pur gibt es in dieser bezaubernden Villa in Oggebbio. In den kleinen Terrassengärten kann man wunderbar entspannen, lesen oder einfach nur den Traumblick auf den Lago Maggiore genießen. ▶ S. 17

◉ Isola dei Pescatori (Isola Superiore) [F 2]

Die kleine Insel lohnt einen Zwischenstopp auch ohne einen Besuch der Borromäischen Inseln, denn sie ist eine Welt für sich. Obwohl auf der Isola dei Pescatori (deutsch: Fischerinsel) heute kaum noch Fischer leben, werden in den unzähligen kleinen, romantischen Ausflugslokalen vor allem Süßwasserfische serviert. Der einst typische Lago-Maggiore-Fisch Flussbarsch (»pesce persico«) kommt aber nicht mehr aus dem See. Kenner schwören heute auf Felchen (»lavarello«), der traditionell in Butter und Salbei gebraten wird.

Am schönsten ist es hier in den Abendstunden, wenn die Tagestouristen das kleine Eiland verlassen haben und man fast alleine durch die engen Gassen spazieren kann. Einen Zwischenstopp wert ist die dem Inselpatron gewidmete, kleine Kirche **San Vittore** mit ihrem romanischen Eingangsbereich und dem

Die bezaubernde Uferpromenade von Cannobio (▶ S. 95) am Westufer des Lago Maggiore lädt zu einem abendlichen Spaziergang ein.

Altarraum im lombardischen Barockstil (15./16. Jh.).

5 km südwestl. von Verbania • Linienboote tagsüber ab Bavena, Stresa, Arona, Intra und Pallanza, nachts nur Privatshuttles

ESSEN UND TRINKEN
Ristorante Casabella
Herzliche Spitzenküche • Bei Richard kommt nur Erstklassiges auf den Tisch, und der Blick von der Terrasse auf den See ist fantastisch. Nach einem äußerst romantischen Abendessen bringt ein privates Shuttleboot die Gäste zurück ans Festland.
Via del Marinaio 1 • Tel. 0 32 33 34 71 • www.isola-pescatori.it • Di–So 11.30–14.30 und 19–23 Uhr • €€€

Ristorante Italia
Frischer Seefisch • Das Restaurant auf der Westseite der Insel wird von einer der wenigen noch verbliebe-

nen Fischerfamilien der Insel betrieben. Wer mit dem eigenen Boot unterwegs ist, kann direkt vor der schönen Terrasse anlegen.
Via Ugo Ara 58 • Tel. 0 32 33 04 56 • www.ristoranteitalia-isolapescatori.it • tgl. 12–15 Uhr, abends nur mit Reservierung • €€

◎ Isole Borromee ★
Die beiden Inseln Madre und Bella im Golf von Bavena sind noch heute im Privatbesitz: Die Borromeo waren als Bankiersfamilie eng mit den mächtigen Herzogen von Mailand verbandelt und bekamen den Lago Maggiore quasi als Privatbesitz zugesprochen. Im 17. Jh. ließen sie mitten im See das italienische Ideal einer gestalteten Landschaft errichten, und mit großem Aufwand wurde aus öden Felsinseln eine Märchenlandschaft für die feudale Gesellschaft geschaffen.

Die **Isola Madre** ist die größte Seeinsel. In dem einzigartigen Mikroklima des Lago Maggiore können Profigärtner wahre Meisterwerke vollbringen. Deshalb wächst auf den Terrassen fast alles, was auf der Welt Wurzeln fasst: von Zitrusfrüchten und mexikanischen Yuccapalmen über Kaffee, Pfeffer und Myrte bis zu tropischen Farnen, ägyptischem Papyrus, Rhododendren und chinesischen Magnolien. Manche Kamelienbäume sind über 150 Jahre alt. Dazwischen balzen Fasane und stolze Pfauen. Dem Zufall wurde in diesem perfekten Garten natürlich nichts überlassen, und die Insel ist weitgehend aufgeschüttet. Die majestätische Kaschmir-Zypresse auf dem Vorhof des Inselpalasts, die nach den Büchern des Hofgärtners 1862 gepflanzt wurde, hat 2006 eine Windhose erfasst. Seither versucht man mit Seilen und Stützen den 70 t schweren Baum zu retten. Im Palazzo aus dem 16. Jh. ist eine Sammlung von Puppen und Marionettentheatern zu sehen, die dem adeligen Amüsement dienen sollten.

Die **Isola Bella** war 1630 noch ein ödes Felsriff, als Carlo III. von Borromeo damit begann, die Insel massiv auszubauen – in der Form eines Schiffs mit einer immensen Kommandobrücke und einem 37 m hohen Terrassengarten und einem Palast als Vorderdeck. Auf dem spitz zulaufenden Bug sollte ein Hafen entstehen, er blieb unfertig und ist neben der Flaniermeile mit Terrassenrestaurants und Läden einer der wenigen Teile der Insel, die frei zugänglich sind. Der frühbarocke Palast wird heute noch von der Familie für Empfänge genutzt. Die Spiegelgalerien, Ballsäle und Kunstsammlungen – einige der 130 Werke in der Galerie des Generals Berthier hängen hier schon seit 350 Jahren unverändert dicht an dicht – sind aber ebenso wie der Napoleon-Saal, in dem der Korse 1797 zwei Tage genächtigt haben soll, die meiste Zeit des Jahres zugänglich. Schon zu Glanzzeiten des Palasts, als auf der Insel die europäische Prominenz ein und aus ging, wussten die Borromeo mit den einzigartigen unterirdischen Tuffsteingrotten zu überraschen. Höhepunkt der Isola Bella ist jedoch der fantastische Garten mit Putten, Nymphen, Obelisken und Pfeilern, gekrönt von einem aufgebäumten Einhorn, dem Wappentier der Familie. Noch heute organisiert die Adelsfamilie fürstliche Empfänge auf ihrem Anwesen, die wie 2015 die Hochzeit von Beatrice Borromeo mit dem Monegassen-Spross Pierre Casiraghi durch die Regenbogenpresse geistern.

Isola Bella und Isola Madre • Tel. 0 32 33 05 56 • www.isoleborromee.it • Mitte März–Ende Okt. 9–17.30 Uhr • Eintritt Isola Madre: 12 €, Kinder 6,50 €, Isola Bella (Palast und Garten): 15 €, Kinder 8,50 €, beide Inseln 20,50 €, Kinder 10 € • Linienboote ab Stresa, Arona und Pallanza 5 km südwestl. von Verbania

◎ Lago di Mergozzo   📖 F 2

Der See ist ein Lago Maggiore im Kleinformat: der verträumte Ort Mergozzo mit kleinen Cafés und Restaurants, ein Hafen, mehrere Badestrände. Kein Wunder: Die beiden Seen waren früher miteinander verbunden. Während die Wasserqualität im Lago Maggiore vor allem im Sommer leiden kann, ist der kleine, malerische Lago Mergozzo Spitzenreiter bei der Badequalität, selbst Motorboote sind auf See verboten. 10 km westl. von Verbania

ESSEN UND TRINKEN
Piccolo Lago
Gourmettempel mit Seeblick • Mit saisonalen Gerichten und Zutaten aus dem Piemont hat sich Chefkoch Marco Sacco zwei Michelin-Sterne erkocht. Zum festen Preis gibt's ein Degustationsmenü und passenden Wein dazu. Ein Blick in die verglaste Show-Küche und die Top-Location hoch über dem Lago Merguzzo sind dabei gratis.
Fondotoce • Via Filippo Turati 87 • Tel. 03 23 58 67 92 • www.piccolo lago.it • Di–Fr 19–1, Sa, So 12–14 und 19–1 Uhr • €€€

SERVICE
HELIKOPTER-RUNDFLÜGE
Volitalia
Panorama-Rundflüge über die Borromäischen Inseln, den Mergozzo-See oder bis zur San-Carlo-Statue bei Arona.
Am Mergozzo-See • Tel. 34 79 55 17 35 • www.volitalia.it • ab 99 € p. P./ 10 Min.

◎ Stresa F 3
5200 Einwohner
Palmen, Oleander und Kamelien sorgen für südländisches Flair, dazu ein Panorama aus schneebedeckten Bergspitzen, und aus dem glitzernden See ragen majestätisch die Borromäischen Inseln auf. Einst gehörte Stresa zu den Pflichtetappen des Erb- und Geldadels. Im 19. Jh. verbrachte die Prominenz des alten Kontinents ihren Urlaub am Lago Maggiore. Der prächtige Belle-Époque-Luxus ist zwar etwas in die Jahre gekommen,

doch man kann sich noch vorstellen, wie die edle Gesellschaft an der schönen Uferterrasse promenierte. So gar nicht in das romantische Bild passen die marktschreierischen Verkäufer von Bootsausflügen am Hafen. Ein besonderes Ereignis sind die Konzertwochen in Stresa: Ende Juli wird Jazz geboten, Ende August und Anfang September geben sich bekannte Kammer- und Symphonieorchester ein Stelldichein in Stresa und auf den Borromäischen Inseln.
Stresa Festival • Via Carducci 38 • Tel. 0 32 33 10 95 • www.stresa festival.eu
15 km südl. von Verbania

ESSEN UND TRINKEN
La Rampolina
Hoch über dem See • In die urige Osteria von Davide kommen auch die Einheimischen gerne zu Pasta, Pizza, Seefisch und würzigem Käse aus den Ossola-Tälern. Fantastischer Blick von der Terrasse über den ganzen See und die Borromäischen Inseln. Wer will, kann Wein und Käse gleich in der Bottega einkaufen.
Campino di Stresa • Via per Someraro 13 • Tel. 03 23 92 34 15 • www.la rampolina.com • Di–So 9.30–1 Uhr • €€

SERVICE
AUSKUNFT
Ufficio Turistico Città di Stresa
Piazza Marconi (im Hafenamt) • Tel. 0 32 33 13 08 • www.stresa turismo.it • März–Okt. 10–12.30 und 15–18.30 Uhr

SCHIFFE ZU DEN INSELN
Am Hafen von Stresa legen regelmäßig Linien- und Privatboote zu den Borromäischen Inseln ab. Tickets für

Von der Uferpromenade in Stresa (▶ S. 98) bietet sich ein Traumpanorama über den Lago Maggiore und auf die vorgelagerten Inseln.

die Liniendienste gibt es direkt am Hafenbüro. Die privaten Reeder bieten ihre Dienste am Hafenvorplatz an und sind teilweise nur wenige Euro günstiger.

Gestione Governativa Navigazione Laghi • www.navigazionelaghi.it • Liniendienste zu allen Inseln und Häfen am See ab dem Hafenamt Piazza Marconi

⭐ Lago d'Orta   📖 F 3

Der Lago d'Orta hinter dem schmalen, dicht bewaldeten Bergrücken des Monte Mottarone ist so ganz anders als sein großer Bruder, der Lago Maggiore. Statt feudaler Villenpracht und Prunk herrschen hier Geradlinigkeit und mittelalterliches Flair. Das mag daran liegen, dass der Orta-See von den Bischöfen regiert wurde, die den Hauptort des Sees, **Orta San Giulio**, weitgehend autonom ließen. Stattdessen schufen sie in der Mitte des idyllischen, 13 km langen und nur 1,5 km breiten Sees eine **Klosterinsel**, die bis heute zu den einflussreichsten Benediktinerinnenklöstern Italiens zählt.

SEHENSWERTES
Isola San Giulio

Die kleine Insel möchte ein Ort der Ruhe sein: Die **Via del Silenzio** umrundet das Eiland, und kleine Tafeln regen zur Meditation an. Außer ein paar alten Häusern, einem Priesterseminar, einem Kloster und Villen gibt es hier das bedeutendste Bauwerk der Romanik im Piemont zu sehen. Die **Basilica di San Giulio** mit ihrem wuchtigen, frei stehenden Glockenturm aus dem 11. Jh. scheint die gesamte Insel zu beherrschen. Angeblich hat der hl. Julius den Grundstein der Basilika gelegt, der Legende nach soll er einen Mantel als Boot und seinen Stock als Ruder genutzt haben, um zu der Insel zu gelangen. Heute wird es Touristen mit den Ausflugsbooten etwas leichter gemacht. Wer über den oft spiegelglatten See schippert, mag kaum glauben, dass der Lago d'Orta noch bis in die 1980er-Jahre als einer der schmutzigsten Seen Italiens galt: Erst Umweltauflagen und massive Kalkung des Wassers konnten ihn so weit reinigen, dass man heute sogar wieder in ihm baden kann.

Consorzio Navigazione Servizio Pubblico • Piazza Motta • Tel. 33 36 05 02 88 • www.motoscafisti.com • Passagierverkehr alle 10–15 Min. ab Orta San Giulio

Orta San Giulio

»Orta ist für mich der schönste Ort der Welt«, meinte der österreichische Schauspieler und Regisseur Carl Heinz Schroth, dessen Bronzestatue von der Seeterrasse des **Palazzo Comunale** auf den Orta-See blickt. So richtig romantisch geht es auf der **Piazza Motta** zu, auf die all die liebevoll erhaltenen und blumengeschmückten, steilen Gassen des Ortes zulaufen. Hier mit Blick auf die Isola di San Giulio zu sitzen, die der hl. Julius erst von feuerspeienden Drachen befreien musste, um anschließend seine angeblich hundertste Kirche zu errichten, gehört wohl zu den erhabensten Momenten einer Piemont-Reise.

Romantiker sollten an einem Mittwoch auf eine der kleinen Passagierfähren flüchten oder – noch idyllischer – ein Ruderboot leihen, denn einmal die Woche findet in Orta San Giulia der beliebte **Wochenmarkt** statt. Zentrum des Geschehens sind die Bogengänge des Renaissancepalasts **Palazzo della Communità**

Vom malerischen Orta San Giulio (▶ S. 100) am Lago d'Orta kann man in zehn Minuten mit der Fähre zur Isola San Giulio übersetzen.

(1582), an dem noch Reste der schönen mittelalterlichen Fresken zu erkennen sind.

Sacro Monte di Orta

Zur Zeit der Gegenreformation diente der »Heilige Berg von Orta« der Volksbildung: Wallfahrtskapellen mit detaillierten, farbigen und lebensgroßen Terrakottafiguren sollten das Leben des hl. Franz von Assisi erleb- und anfassbar machen. Der immense Aufwand musste finanziert werden, so sollten auf dem Hügel oberhalb von San Giulio ursprünglich 50 Kapellen entstehen, gebaut wurden aber nur 20. Einige davon zählen zu den bedeutendsten Werken der Spätrenaissance und des Barock und wurden deshalb 2003 von der UNESCO in die Liste des Weltkulturerbes aufgenommen.
Orta San Giulio • Via Sacro Monte • www.sacromonte-orta.com • Eintritt frei

ÜBERNACHTEN
Villa Crespi

Traum aus 1001 Nacht • Das imposante Hotel in einer Villa im arabischen Stil mit großem Minarett empfängt nicht nur mit fürstlichen Suiten mit Himmelbetten und Marmorbädern, sondern auch mit einem preisgekrönten Restaurant. Geleitet wird es von dem italienischen Fernsehkoch Antonino Cannavacciuolo.
Orta San Giulio • Via Fava 18 • Tel. 03 22 91 19 02 • www.villacrespi. it • 14 Zimmer und Suiten • €€€€

Cortese Hotel

Oberhalb des Orta-Sees • Das moderne, sehr saubere Hotel bietet freundlichen Empfang und große Zimmer mit Panoramablick.

Armeno • Via Due Riviere • Tel. 03 22 99 90 81 • www.cortesehotel.it • 34 Zimmer • ♿ • €€€
5 km östl. von Orta San Giulio

FotoTipp

DER BESTE BLICK AUF SAN GIULIO

Die Insel von San Giulio zählt zu den schönsten Fotomotiven des Piemont. Besondere Perspektiven ergeben sich an den Landungsstegen von Orta San Giulio, die weit in den See hineinreichen, dazu die Insel im Hintergrund. Für ein Panoramabild aus der Vogelperspektive sind die Terrassen des Sacro Monte ideal.   ▶ S. 101

EINKAUFEN
Alessi Showroom Crusinallo

Fabrikverkauf der bekannten italienischen Designerschmiede für Haushaltsgegenstände und Geschirr der besonderen Art.
Omegna • Via Privata Alessi 6 • Tel. 03 23 86 86 11 • Mo–Fr 9.30–18.30 und Sa 10–18.30 Uhr

Ziele in der Umgebung
◉ **Valsesia** 🍴👤   📖 E 3

Das obere Valsesia-Tal ist eine der entlegensten Ecken des Piemont. Mitten in dieser Einsamkeit thront auf 4554 m über dem Meer die höchste Berghütte Europas, die **Capanna Regina Margherita**, nur wenige Meter vor der grünen Grenze zur Schweiz entfernt. Im 13. Jh. wanderten aus dem Oberwallis (daher der Name) die Walser in das Valsesia. Ihre allemannisch-altdeutsche Sprache und Kultur kann man noch in den Dörfern rund um Alagna erleben. In **Macugnana** kann man nicht nur gut erhaltene Walserhäuser aus Stein und Lärchenholz bestaunen, sondern hat auch einen wunderbaren Blick auf die steile Ostseite des **Monte Rosa**. Das Massiv, das das westliche Oberitalien dominiert, leuchtet nicht etwa rosa im Morgenrot – sein Name geht auf den Gletscher auf seiner Westseite zurück. Der liegt schon im Aosta-Tal, im dortigen französischen Dialekt bedeutet »rouése« schlicht Gletscher. Die Spitze des zweithöchsten Berges der Alpen liegt auf Schweizer Territorium. Das Sesia-Tal ist ein absolutes Muss für Aktivsportler: In **Alagna** führt eine Seilbahn in die Skigebiete des Monte Rosa, entlang der Seitentäler kann man bergsteigen, mountainbiken, angeln oder in einer Badegumpe ein eiskaltes Bad nehmen.

MUSEEN
Museo Walser 👫
Wer sich näher für die Kultur und Tradition der Walser interessiert, sollte einen Blick in das liebevoll gestaltete Volkskundemuseum werfen. Macugnana • Frazione Borca • Tel. 34 79 84 23 29 • tgl. nach Vereinbarung und im Juni Sa, So 15.30–17.30, Juli tgl. 15.30–18.30, Aug.–Anfang Sept. tgl. 15.30–18.30, Sa, So zusätzlich 10–12.30 Uhr
Eintritt 2,50 €, Kinder 2 €

ÜBERNACHTEN
🌿 Barcala
Uriges Walserhaus • Zimmer mit freiliegenden Steinmauern und Türstürzen aus Holzbalken. Das Warmwasser kommt von Solarpanels auf dem Dach. Scopa • Frazione Scopetta • Tel. 0 16 37 10 01 • www.bedandbreakfast-barcala-valsesia.it • 3 Zimmer • €

SERVICE
AUSFLÜGE
Sesia Rafting 👫
Rafting, Kanu, Kajak, Hydrospeed Canyoning oder gleich alles auf einmal – Outdoor-Fans kommen hier auf ihre Kosten. Auch Ausflüge und Kurse für Familien im Angebot. Vocca • Via Isola 3 • Tel. 34 80 05 39 78 • www.sesiarafting.it • Rafting ab 35 €, Canyoning ab 50 €

◎ Varallo   📖 E 3
5000 Einwohner
Nur wenige Täler von den protestantischen Schweizern entfernt wollte Pater Bernardino Caimi 1481 in Varallo ein neues Jerusalem errichten und erhielt dafür die Unterstützung des leidenschaftlichen Gegenreformators Carlo Borromeo. In 45 Kapellen wird für das Pilgervolk, das nicht bis ins ferne Palästina reisen konnte, mit lebensgroßen Holz- und Terrakottafiguren sehr plastisch der Leidensweg Christi dargestellt. Als Künstler konnte Varallo seinerzeit unter anderen Gaudenzio Ferrari gewinnen, einen der bedeutendsten Renaissancekünstler des Piemont. Der Bau des Heiligen Bergs (Monte Sacro) von Varallo dauerte über 150 Jahre und umfasst so zwei Kunstepochen von der oberitalienischen Renaissance bis zum Barock.
Heute muss man den 600 m hohen Berg nicht wie die Pilger des Mittelalters zu Fuß erklimmen, eine steile Seilbahn führt in nur zwei Minuten bis zur Wallfahrtskirche Santa Maria Assunta. Sacro Monte di Varallo • Tel. 0 16 35 11 31 • Basilika: 8–12.20 und 14.15–18.30 Uhr • Seilbahn: Winter 9–17 Uhr, Sommer 9–18 Uhr, Sa, So eine Stunde länger, 2 € pro Strecke

Die typischen Häuser der Walser aus Lärchenholz finden sich noch in Dörfern im Valsesia-Tal (▶ S. 101) wie hier nahe Alagna.

Domodossola 🧗🍴   📖 E 2

18 500 Einwohner

Das Ossola-Tal ist, seit Napoleon Mailand über den Simplon-Pass mit Paris verbinden wollte, das Tor des Piemont zur Schweiz. In den Seitentälern rund um den Fluss Toce kann man wunderbar wandern. Nach einem Tag in den Bergen lädt das Städtchen Domodossola zum Aperitif auf der fast unversehrt mittelalterlich erhaltenen **Piazza Mercato** ein. Hier, zwischen den Renaissancepalästen mit ihren alten Arkaden aus Granitsäulen, schlägt das Herz der Stadt, und jeden Samstag bringen die Bergbauern aus den umliegenden Tälern ihre Produkte ins Tal, z. B. den würzigen Rohmilchkäse Bettelmatt. Einer der schönsten Wasserfälle der Alpen, die **Cascata del Toce**, befindet sich im Formazza-Tal: Über 143 m stürzt sich der Toce-Fluss auf bis zu 60 m Breite in die Tiefe. Das Schauspiel ist zwar gratis, aber nicht immer zu sehen: Der Staudamm eines Stromkraftwerks lässt die Wassermassen nur noch zu festgelegten Uhrzeiten (vgl. die Website des Fremdenverkehrsamts) gen Tal rauschen.

Cascata del Toce • www.valformazza. it • Mitte Juni–Ende Sept. Mo–Sa 11.30–13.30 Uhr, So und Mitte Aug. 10–16 Uhr • Eintritt frei

ÜBERNACHTEN UND ESSEN UND TRINKEN

Piemonte Da Sciolla

Direkt in der Altstadt • Die feine Piemont-Küche kann man im Sommer auf der kleinen Terrasse genießen. Wer übernachten will, für den stehen saubere, zweckmäßige Fremdenzimmer bereit.

Piazza Convenzione 4 • Tel. 03 24 24 26 33 • www.ristorantedasciolla.com • tgl. 12–14.30 und 19.30–21.30, Mi und So abends geschl. • €€

Urwüchsige Platanen säumen die sonnige Seepromenade von
Ascona (▶ S. 111) am Schweizer Ufer des Lago Maggiore.

Touren und Ausflüge

Begeben Sie sich auf Entdeckungstour durch die Weinberge des Barolo, entlang den Ufern des Lago Maggiore und dem Schweizer Centovalli, oder erleben Sie eine Zeitreise in einsamen Tälern.

Die Hügel des Barolo – Eine romantische Panoramatour

Charakteristik: Durch die sanften Weinberge der Langhe, vorbei an mittelalterlichen Burgen und entlang der schönsten Kammstraßen, an deren Hängen die Trauben für den Barolo gedeihen **Dauer:** Halbtagsausflug mit dem Auto, Tagesausflug mit der Vespa (ab Alba von www.insitetours.eu, 80 €/Tag inkl. Helm, plus Benzin) **Länge:** 55 km **Anfahrt:** Ab Alba zunächst über die SP3 Richtung Savona nach Roddi **Einkehrtipp:** Bistrot Il Flauto Magico, Serralunga d'Alba, Tel. 01 73 61 32 81, ganztägig geöffnet, Herbst bis Frühjahr Di Ruhetag €€ **Auskunft:** Ente Turismo Alba Bra Langhe & Roero, Piazza Risorgimento 2, Alba, Tel. 0 17 33 58 33, www.langheroero.it

🏙 D 7

Alba ▸ Verduno

Auf dem Weg von **Alba** ⭐ nach Verduno kommen Sie an der Kleinstadt **Roddi** vorbei, wo seit 1880 Trüffelhunde ausgebildet werden. Der Weg führt zunächst auf einem engen Sträßchen sanft die Hügel der Langhe hinauf, links und rechts erstrecken sich Haselnusshaine und Weinberge. In **Verduno**, wo die Weinberge bis an den Ortsrand reichen, stand einst ein Kastell. Heute befindet sich auf den Grundmauern des mittelalterlichen Schlosses noch ein kleiner Park mit atemberaubender Aussicht: Vor Ihnen liegen das Tànaro-Tal, die Talflanke des Roero, und im Osten die Hügel, auf denen der Barolo wächst, der zu den meistgeschätzten Rotweinen der Welt zählt.

Verduno ▸ Barolo

Auf der nächsten Etappe, dem Winzerort **La Morra**, begrüßen Önotheken und ein gut instand gehaltener Ortskern Weintouristen aus aller Welt. Wer sich schon jetzt ein Gläschen gönnen möchte, dem seien die Bio-Weine der Önothek **Le Vigne Bio** ans Herz gelegt (Via San Martino 2, La Morra, Tel. 01 73 50 92 39,

levignebio.com, Mo–Do 10.30–20.30, Do–So bis 24 Uhr, Mi geschl.).

Wer den steilen Rückweg nicht scheut, sollte kurz vor dem Ortsende von La Morra einen Abstecher nach links machen: Der Weg zur **Cappella delle Brunate** (Schild »Cappella Sol Lewitt-David Tremlett«) führt quer durch die Weinberge zu der kleinen Schutzhütte, die 1999 von den Künstlern Sol LeWitt und David Tremlett mit leuchtenden Farbeffekten und Mustern zu einem modernen Hingucker inmitten der altehrwürdigen Weingärten umgestaltet wurde.

Der nächste Zwischenstopp auf der Reise durch die Weinberge ist **Barolo**. Das weltberühmte, kleine Winzerdorf liegt auf einer Anhöhe zwischen dem nicht enden wollenden Meer von Weingärten und ist geprägt von Weinlokalen, Kellereien und Souvenirläden. Sehenswert ist das Schloss, in dessen Kellergewölben einst die Kaufmannsfamilie Falletti den ersten Barolo keltern ließ. Das Gebäude, das seinen für das 10. Jh. typischen, vor Übergriffen der Sarazenen gut geschützten Kern

Die mächtige mittelalterliche Burg von Serralunga d'Alba (▶ S. 107) ragt hoch über den zauberhaften kleinen Ort hinaus.

bis heute bewahrt hat, beherbergt ein ziemlich angestaubtes multimediales Weinmuseum, das eine allenfalls für Liebhaber interessante Schau über die Weltgeschichte des Weins zeigt. Im Gegensatz dazu präsentiert das private Museo dei Cavatappi eine sehenswerte Ausstellung von über 600 Korkenziehern aus allen Jahrhunderten.

Barolo ▶ Serralunga

Von Barolo geht es auf der SP163 und dann weiter auf der SP57 geradewegs nach **Monforte d'Alba** mit seiner romantischen Oberstadt. Vor Roddino biegen Sie links ab auf die spektakulärste Kammstraße der Langhe, die sich entlang der Hügelkette rund um die Siedlung Ornato windet. Vor Ihnen liegt die gewaltigste Burg der Region: **Serralunga d'Alba** ragt schon von Weitem wie ein riesiger Turm aus dem nicht enden wollenden Meer von Weinbergen. Der kleine Ort mit seinen niedrigen Torbogen und engen Sträßchen hat viel von seinem mittelalterlichen Charme erhalten. Mit etwas Glück kann man nicht nur durch die Gassen streifen, sondern auch das schnörkellose, aber gewaltige Innere der Burg besichtigen. Hier ist Zeit für einen Snack. Als Digestif trinkt man in Serralunga gerne einen »Barolo Chinato«, das ist vergorener Wein mit Chinarinde, Rhabarber, Enzian und weiteren Gewürzen, der lange Zeit als Medizin bei Erkältungen galt.

Serralunga ▶ Alba

Der weitere Weg führt auf der SP125 Richtung Norden durch sanfte Weingärten langsam, aber stetig bergab. Entlang der Straße liegen unzählige Weingüter, von denen das von König Vittorio Emanuele II. gegründete Gut von **Fontanafredda** das bekannteste ist (www.fontanafredda.it).

Als Nächstes steht ein Abstecher zum **Castello Grinzane Cavour** auf dem Programm. Das mittelalterliche Schloss kam im 19. Jh. an die Familie des Grafen von Cavour. Dessen Sohn, Camillo Benso di Cavour (1810–1861), gehörte zu den treibenden Kräften des Risorgimento, der italienischen Einheitsbewegung gegen die habsburgische Vormacht in Italien. Nach ihm ist heute in jedem italienischen Dorf eine Straße benannt. Das Schloss beherbergt eine gut sortierte Önothek mit Weinen der Langhe und des Roero sowie ein Ethnografisches Museum. Jeden November findet auf Grinzane Cavour die Wohltätigkeitsveranstaltung Asta Mondiale del Tartufo Bianco d'Alba statt, bei der die größten weißen Trüffeln der Region zu vierstelligen Beträgen versteigert werden (www.castellogrinzane.com). Die letzte Station ist **Diano d'Alba**.

Über dem historischen Ortskern des Winzerdorfs thront eine Barockkirche, von deren Vorplatz man einen wunderbaren Blick auf Alba, den Ausgangspunkt der Reise, hat.

INFORMATIONEN

Wine Museum Castello di Barolo
Barolo • Tel. 01 73 38 66 97 • www.wimubarolo.it • tgl. 10.30–19 Uhr • Eintritt 8 €, Kinder 3 €

Museo dei Cavatappi
Barolo • Piazza Castello 3 • Tel. 01 73 56 05 39 • www.museodeicavatappi.it • Fr–Mi 10–13 und 14–18.30 Uhr • Eintritt 4 €, Kinder 3 €

Castello di Serralunga d'Alba
Serralunga • Tel. 01 73 61 33 58 • www.castellodiserralunga.it • Mai–Okt. Mo, Do, Fr 14–18, Sa, So 11–13 und 14–18 Uhr, im Winter nur am Wochenende • Eintritt 5 €, Kinder 2 €

Das Castello di Barolo (▶ S. 106), in dem einst der erste Barolo gekeltert wurde, beherbergt heute ein Weinmuseum.

Durch das Chisone- und Susa-Tal – Eine Zeitreise zu Klöstern und Burgen

Charakteristik: Die Autotour führt durch die nordwestlichen Täler des Piemont, mit zahlreichen historisch interessanten Zwischenstopps **Dauer:** Tagesausflug **Länge:** 220 km **Anfahrt:** Ab Pinerolo Richtung Val Chisone **Einkehrtipp:** Ristorante della Torre, Susa, Via XX Settembre 2, Tel. 0 12 23 23 59, www.ristorantedella torre.it, tgl. 12–14.15 und 19.30–22.30 Uhr €€ **Auskunft:** Das Tourismusbüro der Provinz gibt Informationen zu den Alpentälern der Umgebung: Via Giolotti 7/9,

Pinerolo, Tel. 01 21 79 55 89, www.turismotorino.org, Di–Fr 9–13, Sa 9–12 und 15–18, So 10–13 Uhr

📖 B 6

Pinerolo ▸ Susa

Die Tagestour startet in **Pinerolo**. Die Einfahrt in das Val Chisone wird von schroffen Bergen gesäumt. Vor allem Wanderer wissen die zahlreichen Wege in den Wäldern von Villar Perosa zu schätzen. Das Tal verbindet das Piemont mit Frankreich, ein Verbindungsweg, den es zu befestigen galt. Die beeindruckendste Grenzanlage ist die **Fortezza di Fenestrelle**, die sich gleich einer chinesischen Mauer den steilen Berghang hoch schlängelt – über 2 km und 4000 Treppenstufen, die von 2 m dicken Mauern geschützt werden, unterbrochen von drei Forts, vier Redouten und drei Batterien. Die Verteidigungsanlage wurde nach dem Zweiten Weltkrieg weitgehend sich selbst überlassen, heute kann sie wieder mit Führung besichtigt werden. Hinter Fenestrelle folgen Sie der Hauptstraße in Richtung des Hochtals von Alta Val Chisone. In **Pragelato** kann man die Sprungschanze der Olympischen Winterspiele 2006 bestaunen. Weiter talaufwärts liegt eine Reihe Wintersportorte, von denen **Sestriere** der bekannteste ist. Er wurde in den 1930er-Jahren von der

Familie Agnelli gegründet und wird von zwei Hoteltürmen dominiert, die 1932 als günstige Herberge für Skifahrer konzipiert wurden. Hinter Sestriere geht es steil bergab Richtung Cesena Torinese und Oulx. Sie fahren auf die Autobahn, Genussfahrer können auf die parallel verlaufende Landstraße SP24 ausweichen.

Susa ▸ San Michele

Der Name Susa hat sich in das kollektive Gedächtnis Italiens als Tal der Proteste eingebrannt: Seit den 1990er-Jahren wird mit großen Demonstrationen, aber nur mäßigem Erfolg gegen den Bau der Schnellbahnstrecke Turin–Lyon gekämpft. Eine der meistbefahrenen Autobahnen des Landes teilt das 80 km lange, bevölkerungsreiche Verbindungstal zu Frankreich in zwei Teile. Der Hauptort **Susa**, zu dem Sie von der Autobahn oder Schnellstraße abbiegen, war schon zu Zeiten der Römer ein bedeutender Grenzort. Davon zeugen der Kaiser Augustus geweihte Triumphbogen (8 v. Chr.) sowie das ehemalige Stadttor Porta Savoia mit seinen zwei wuchtigen Wehrtürmen (4. Jh.). Gleich daneben steht das ehemalige Benedikti-

nerkloster von 1027, dessen Gotteshaus San Giusto heute als Kathedrale
dient. In dem malerischen Viertel
Borgo dei Nobili liegt auch das Rathaus der Stadt, in dem zahlreiche
mehrsprachige Gedenktafeln an die
Kriege um die Stadt im Grenzgebiet
der Alpen erinnern. Egal, ob Sie Ihre
Reise auf der schnellen Autobahn

Die Klosteranlage Sacra di San Michele
(▶ MERIAN TopTen, S. 110).

oder der Provinzstraße fortführen,
die nächste Abfahrt sollte **Sacra di
San Michele** 🌟 heißen: Von Avigliano führt die Panoramastraße an
zwei Moränenseen vorbei bis fast
zum Fuß der Bergfestung auf der
Spitze des Monte Pirichiano. Die
wuchtige Festungs- und Klosteranlage gilt als Wahrzeichen des Piemont und scheint trotz ihrer 40 m
hohen Stützmauern Teil des Berges
zu sein. Um in die romanisch-gotische Kirchenhalle (12. Jh.) zu gelangen, muss man erst einmal einen

Treppengang überwinden, auf dem
Gipfelsporn wird man dann mit einem majestätischen Ausblick auf das
Susa-Tal und die Ruinen der fünfstö-
ckigen Klosteranlage belohnt!

San Michele ▶ Castello di Rivoli

Jetzt aber schnell vom Mittelalter in
die Moderne: Über Avigliano führt
Sie der Weg direkt nach **Rivoli**: Die
mittelalterlichen Burgmauern wurden von Emanuele Filiberto ab 1562
zur Savoyer-Residenz umgebaut, im
Laufe der Jahrhunderte weitgehend
zerstört und geplündert. In den
1980er-Jahren wurde das Schloss
zum Museo d'Arte Contemporanea
ausgebaut, deshalb kann man in den
wiederbelebten Rokoko-Ruinen ein
faszinierendes Ambiente für experi-
mentelle Gegenwartskunst erleben.

INFORMATIONEN

Forte di Fenestrelle
Fenestrelle • Tel. 0 12 18 36 00 • www.
fortedifenestrelle.it • unregelmäßige
Öffnungszeiten, in der Regel 9.30–
17 Uhr • Eintritt 3 €

Ufficio del Turismo
Susa • Corso Inghilterra 39 • Tel. 01 22
62 24 47 • www.visitasusa.it

Sacra di San Michele
Sant'Ambrogio • Via alla Sacra 14 •
Tel. 0 11 93 91 30 • www.sacradisan
michele.com • Di–Sa 9.30–12.30 und
14.30–18 Uhr, Juni–Sept. auch Mo,
So 9.30–12 und 14.40–18.30 Uhr, im
Winter nur bis 17 Uhr • Eintritt 3 €,
Kinder 4 €

Castello di Rivoli
Rivoli • Piazza Mafalda di Savoia •
Tel. 01 19 56 52 22 • www.castellodi
rivoli.org • Di–Fr 10–17, Sa, So 10–
19 Uhr • Eintritt 6,50 €, Kinder 4,50 €

Der Lago Maggiore Express – Grenzgänger mit Schiff und Zug

Charakteristik: Mit Ausflugsbooten und Eisenbahnen über den Lago Maggiore und durch die Schweizer Bergtäler Centovalli **Dauer:** Tagesausflug von Ende März bis Mitte Okt. Do–So, zur Saison auch Mo, Di **Anfahrt:** Ab Stresa, Parkplätze auf der Piazza Marconi am Seehafen **Einkehrtipp:** Ristorante Sensi, Viale Verbano 9, CH-Locarno, Tel. +4 19 17 43 17 17, www.ristorante-sensi.ch, ganztägig geöffnet €€

 **Auskunft:** Navigazione Lago Maggiore, Piazza Marconi, Stresa, Tel. 0 32 33 03 93, www.lagomaggioreexpress.it

F3

Stresa ▸ Locarno

Die Tour beginnt an dem Bootssteg von **Stresa**, wo um 11.15 Uhr das Ausflugsboot in Richtung Locarno ablegt. Nach einigen Zwischenstopps geht es auf das wilde und naturbelassene Ostufer des Sees zu, wo die Fähre im lombardischen **Luino** Zwischenstopp macht. Spätestens jetzt wird es Zeit für eine Kaffeepause an Bord. Das Ausflugsboot nähert sich dem Nordteil des Lago Maggiore mit seinen steil aufragenden Bergen, die zum Schweizer Kanton Tessin gehören. Vom Wasser aus haben Sie einen schönen Ausblick auf die Uferpromenade von **Ascona** mit ihren schattigen Platanen. Nach drei Stunden und 15 Minuten legt das Boot in Locarno an.

Locarno ▸ Domodossola

In **Locarno** können Sie sich ein wenig Zeit für einen Spaziergang entlang der Uferpromenade nehmen oder über die Piazza Grande bummeln, die mit ihren Cafés und Laubengängen als einer der schönsten Plätze der Schweiz gilt. Eilige steigen in den Zug, der etwa eine Stunde nach Ankunft des Schiffs weiterfährt, aber auch der Zug noch eine Stunde später fährt früh genug ab,

um das Highlight der Rundreise zu erleben: die Fahrt mit der **Centovalli-Bahn**. Der Bahnhof liegt nur wenige Meter hinter der Uferpromenade. Zunächst rattert die moderne Schmalspurbahn entlang dem Melazza-Tal und über die spektakuläre Stahlbrücke von Intragna. Ab hier wird es kurvig: Immer eng am Berghang entlang schlängelt sich die Bahn durch die Landschaft, die »Tal der Hundert Täler« genannt wird. Allein 83 Brücken führen durch stark zerklüftete Bergtäler, etwa 20 km durch Schweizer Gebiet und anschließend durch das italienische Vigezzo-Tal.

Domodossola ▸ Stresa

Nach knappen zwei Stunden Kurvenfahrt kommen Sie am geschäftigen Bahnhof von **Domodossola** an. Wer noch Lust auf einen Stadtrundgang hat, kann sich in einer Stunde Wartezeit die Beine vertreten. Der direkte Anschlusszug der italienischen Eisenbahn Trenitalia startet aber schon wenige Minuten später Richtung **Stresa**, wo Sie nach knappen 40 Minuten den Bahnhof erreichen. Von hier ist es nur noch ein Katzensprung zum Ausgangspunkt am Hafen.

Die Weinernte ist nur mit Teamwork zu bewältigen. Eine sorgfältige
Lese ist unerlässlich, um die Qualitätsweine keltern zu können.

Wissenswertes über das
Piemont

Nützliche Informationen für einen gelungenen Aufenthalt: Fakten über Land, Leute und Geschichte sowie Reisepraktisches von A bis Z.

Auf einen Blick

Mehr erfahren über das Piemont – Informationen über Land und Leute, von Bevölkerung und Sprache über Geografie und Politik bis zu Religion und Wirtschaft.

Amtssprache: Italienisch
Einwohner: 4 424 467
Fläche: 25 400 km²
Größte Stadt: Turin
Höchster Berg: Monte Rosa (4609 m)
Internet: www.regione.piemonte.it
Religion: ca. 95 % katholisch
Währung: Euro

Bevölkerung und Sprache

Im Piemont leben knapp 4,5 Millionen Menschen, davon etwa 920 000 in der Hauptstadt Turin.

Haupt- und Verwaltungssprache ist Italienisch, das Piemontesische mit zahlreichen französischen Einflüssen ist aber als Minderheitensprache anerkannt. In den Westalpen ist das Okzitanisch noch verbreitet, und viele Ortsschilder sind zweisprachig. Im oberen Tal der Sesia und in den Ossola-Tälern wird noch der walserdeutsche Dialekt gepflegt. In touristisch geprägten Gegenden wird Englisch verstanden, am Lago Maggiore auch Deutsch.

Lage und Geografie

Das »Land am Fuße der Berge« trägt seinen Namen völlig zu Recht: Über 550 km Gebirgsketten, die zu den höchsten Spitzen der Alpen gehören, rahmen die zweitgrößte Region Italiens ein. Im Canavese und Biellese

◄ Detail eines Gemäldes in der Basilica di Maria Ausiliatrice in Turin (▶ S. 115).

haben Gletscher der letzten Eiszeit eindrucksvolle Moränenlandschaften geschaffen. Der Lago Maggiore hat ein einzigartiges Mikroklima: Das Wasser des bis zu 370 m tiefen, zweitgrößten Sees der Alpen speichert im Sommer Wärme, gibt diese im Winter ab, und wo die hohen Berge vor Winterstürmen schützen, gibt es subtropische Wetterlagen.

Das Piemont besteht auch zu einem Viertel aus Flachland: In der Po-Ebene von Novara und Vercelli werden die Wassermassen des Lago Maggiore schon seit dem Mittelalter für den Obst- und Reisanbau genutzt. Im Süden des Piemont hingegen steigen die Hügel der Langhe und des Monferrato sanft in Richtung Ligurien auf. Diese vor 20 Millionen Jahren erfolgte Auffaltung ist reich an Erden und Sedimentgestein.

Politik und Verwaltung

Das quadratische Wappen der Region Piemont, ein silbernes Kreuz auf rotem Grund und einem blauen Turnierkragen, geht auf die Dynastie der Savoyer zurück. Trotz seiner monarchischen Vergangenheit ist das Piemont aufgrund seiner wirtschaftlichen Bedeutung eher bürgerlich-konservativ geprägt. Die acht Provinzen des Piemont werden nach der Reform von 2014 schrittweise zu größeren Verwaltungszonen zusammengelegt. Turin behält als Metropolregion einen Sonderstatus.

Religion

Das Piemont ist das Stammland von Don Bosco, dem Gründer der Salesianer. Sein Geburtsort Castelnuovo

Don Bosco und das Mutterhaus des Ordens, die Basilica di Maria Ausiliatrice in Turin, sind das Ziel zahlreicher Pilger.

2015 besuchte Papst Franziskus die Waldenserkirche in Turin und bat um Verzeihung für die jahrhundertelange Verfolgung der protestantischen Glaubensgemeinschaft.

Wirtschaft

Das Piemont gehört zu den industriellen Wiegen Italiens. Rund um Biella wurden im 19. Jh. die ersten Maschinen der Textilindustrie aufgestellt. Andere Wirtschaftszweige wie die piemontesische Elektronikindustrie, allen voran Olivetti aus Ivrea, galten lange Zeit als wegweisend. Der größte italienische Autobauer FIAT (die Abkürzung steht für Fabbrica Italiana Automobili Torino, dt. Italienische Automobilfabrik Turin) baut im Piemont seit 1899 Pkw und Nutzfahrzeuge. Da die Zeit des italienischen Wirtschaftswunders, des »Boom Economico« der Nachkriegszeit, der zahlreiche Einwanderer aus Süditalien vor allem in die Turiner Vorstädte lockte, lange vorbei ist, setzt man neben der Landwirtschaft vor allem auf Lebensmittel: Ferrero stammt aus Alba, der Sekt- und Wermutproduzent Cinzano war bereits Lieferant am Hof der Savoyer, und Lavazza röstet seit 1895 in Turin Kaffee.

Seit einigen Jahrzehnten engagiert man sich nach toskanischem Vorbild im Tourismus. Doch eine Region des Piemont setzt schon seit über hundert Jahren erfolgreich auf diesen Wirtschaftszweig: Der Lago Maggiore zieht seit Generationen als Sehnsuchts- und Zufluchtsort Urlauber in seinen Bann.

Geschichte

2000 v. Chr.
Das Piemont wird von Ligurien aus besiedelt.

400 v. Chr.
Kelten siedeln sich in den Bergtälern an und gründen Turin.

218 v. Chr.
Hannibal überschreitet mit seinen Kriegselefanten die Alpen und fällt vom Piemont aus in das Römische Reich ein, das sich auf die Po-Ebene ausgedehnt hat.

ab 375 n. Chr.
Im Chaos der Völkerwanderung wird das Piemont mehrmals besetzt. Die Langobarden gründen von der Isola di San Giulio im Orta-See aus ein Königreich.

um 870
Piraten plündern von Ligurien und der Côte d'Azur aus das Piemont. Aus dieser Zeit stammen die Sarazenentürme der Langhe.

11.–13. Jh.
Die freien Stadtrepubliken erstarken und bekriegen sich bis aufs Blut. 1259 gewinnt Asti gegen Alba, ist aber so geschwächt, dass es sich mit den Visconti von Mailand verbündet. Novara, Vercelli, Asti, Alba, Bra werden so mailändisch.

1490
Die bisher unabhängige Markgrafschaft von Saluzzo fällt an die Franzosen, die in der Folge wichtigen Einfluss auf das Piemont nehmen.

1563
Nach dem Krieg zwischen Frankreich und Mailand fällt das verwüstete Piemont an Savoyen. Emanuele Filiberto verlegt seine Residenz aus Chambéry in das bis dato unbedeutende Turin und baut einen absolutistischen Zentralstaat auf.

1706
Frankreich belagert ab Mitte Mai Turin, wird aber mit habsburgischer Hilfe vertrieben. Symbol des historischen Siegs am 7. September ist die Basilica di Superga auf den Hügeln östlich von Turin.

1713
Nach dem Frieden von Utrecht muss der europäische Adel den Savoyern für ihre Rolle im spanischen Erbfolgekrieg danken und spricht den Herzögen den Königstitel des ehemals spanischen Sizilien zu. 1720 wird es mit dem österreichischen Sardinien getauscht und Turin zur Hauptstadt des Königreichs Sardinien-Piemont.

1748

Am Lago Maggiore regiert seit dem Mittelalter faktisch die Familie Borromeo, die Hausbankiers der Mailänder Visconti. Durch eine geschickte Bündnispolitik fällt das Westufer des Sees an Savoyen, doch bis heute steht der Lago Maggiore kulturell Mailand näher als Turin.

1796–1815

Napoleon erobert vom Piemont aus Italien. Auf dem Wiener Kongress wird Savoyen auch die Republik Genua zugesprochen, das damit zur stärksten Macht in Italien wird.

1850

Unter dem Staatsmann Camillo Benso Cavour wird das Piemont modernisiert und der Fréjus-Eisenbahntunnel eröffnet. Mittelständische Betriebe und Baumwollindustrie siedeln sich an.

1861

In Italien wehrt sich die liberale Risorgimento-Bewegung gegen die habsburgische Vorherrschaft auf der Apenninhalbinsel. 1861 wird in Turin das Königreich Italien ausgerufen, Vittorio Emanuele II. nimmt den Titel »König von Italien« an.

1864

Die Hauptstadt Italiens wird von Turin zunächst nach Florenz und dann nach Rom verlegt.

1899

Turin wird mit Gründung von FIAT das Herz der italienischen Automobilindustrie.

1911

Im Valentino-Park in Turin findet die Weltausstellung EXPO statt.

1929

Alba veranstaltet die erste Trüffelmesse, die Fiera del Tartufo.

1943

Arbeiter und Partisanen wehren sich mit Aufständen gegen die deutsche Besatzung im Zweiten Weltkrieg.

2006

Für die Olympischen Winterspiele werden das Stadtbild und zahlreiche Sportstätten Turins modernisiert.

2011

Turin feiert das 150-jährige Jubiläum der Einheit Italiens mit der Eröffnung des Museo del Risorgimento im Palazzo Carignano.

2015

Die Ausstellung des Turiner Grabtuchs lockt zwei Millionen Pilger und Papst Franziskus in die Hauptstadt. Nächster Termin ist 2025.

Reisepraktisches von A–Z

ANREISE

MIT DEM AUTO

Aus Deutschland und der Schweiz bietet sich eine Fahrt über die Westschweiz via Bern und das Aosta-Tal an. Am Lago Maggiore ist man je nach Verkehr am schnellsten über den San-Bernardino-Pass oder den Gotthard-Tunnel und ab Bellinzona weiter nach Locarno.

In den Süden des Piemont kommt man, wenn man die Hauptverkehrszeiten rund um Mailand vermeidet, über die Westumfahrung der Stadt Richtung Alessandria.

Wer aus Bayern oder Österreich anreist, ist über die Route Brenner–Gardasee–Piacenza–Alessandria am schnellsten am Ziel.

Die Autobahnen in Italien sind gebührenpflichtig. Bezahlt wird mit Bargeld oder Kreditkarte.

MIT DER BAHN

Von allen deutschen, österreichischen und Schweizer Städten bestehen Bahnverbindungen nach **Mailand** (Stazione Centrale), von dort geht es weiter nach Turin.

MIT DEM FLUGZEUG

Lufthansa fliegt ganzjährig mehrmals täglich von München und Frankfurt nach Turin. Der Turiner **Flughafen Caselle** liegt etwa 16 km nördlich des Stadtzentrums, Shuttle-Busse fahren von dort regelmäßig zur Stazione Porta Susa und zur Stazione Porta Nuova (www.sadem.it).

Der **Flughafen Cuneo** wird derzeit nur inneritalienisch und von Chartermaschinen angeflogen.

Der Mailänder **Flughafen Malpensa** liegt an der Grenze zum Piemont und wird von den großen Linien- und Billigfluggesellschaften bedient. Shuttle-Busse verkehren von hier nach Novara (www.stnnet.it), Turin (www.sadem.it), Alessandria und Casale Monferrato (www.volpibus.com).

AUSKUNFT

IN DEUTSCHLAND UND ÖSTERREICH

Italienische Zentrale für Tourismus ENIT

– Barckhausstr. 10 • Frankfurt am Main • Tel. 069/23 74 34 • Mo–Fr 9.15–13 Uhr

– Mariahilfer Str. 1b • Wien • Tel. 01/5 05 16 30 14

Schweizer wenden sich an die Zentrale in Frankfurt.

IM PIEMONT

Regione Piemonte

Internationale Freecall-Tel. 0 08 00 11 13 33 00 • www.piemonteitalia.eu

BUCHTIPPS

Ursula Bauer und Jürg Frischknecht: Antipasti und alte Wege: Valle Maira – Wandern im andern Piemont (Rotpunktverlag, 2011) Dieses Buch hat das fast in Vergessenheit geratene Maira-Tal verändert: Seit der Wandertourismus Einzug gehalten hat, gibt es hier eine Zukunft im alternativen Naturtourismus. Etappenbeschreibungen und Unterkunftstipps für Bergfreunde.

Davide Longo: Der Steingänger (Wagenbach Verlag, 2015) In einem zurückgebliebenen Alpental wird ein Mann umgebracht, doch warum umgibt die Dorfbewohner eine seltsame Stille? Piemontesischer Heimatkrimi des 1971 bei Turin geborenen Autors.

Max de Morais: 111 Orte in Turin und im Piemont, die man gesehen haben muss (emons Verlag, 2015) Der neue Entdeckungsführer beschreibt 111 ungewöhnliche Sehenswürdigkeiten, die Kenner nicht verpassen sollten.

Walter Pippke und Ida Leinberger: DuMont Kunst Reiseführer Piemont und Aostatal (DuMont Reiseverlag, 2012) Kurzweiliger Reiseführer für Kultur- und Kunstfreunde, die wichtigsten Kulturstätten der Region hervorragend recherchiert.

DIPLOMATISCHE VERTRETUNGEN

Generalkonsulat der Bundesrepublik Deutschland
Via Solferino 40 • Mailand • Tel. 0 26 23 11 01 • www.mailand.diplo.de

Honorarkonsulat der Republik Österreich   ▸ Klappe hinten, westl. a 6
Corso A. De Gasperi 46 • Turin • Tel. 0 11 59 1 3 32 • consolatoaustria.to@tiscali.it

Schweizer Vertretung – Konsulat Turin   ▸ Klappe hinten, b 2
Via della Consolata 1 bis • Turin • Tel. 34 03 71 15 94 • torino@honrep.ch

FEIERTAGE

1. Jan. Capodanno (Neujahr)
6. Jan. Epifania (Dreikönigsfest)
Pasquetta (Ostermontag)
25. April Festa della Liberazione (Jahrestag der Befreiung vom Faschismus)
1. Mai Festa dei Lavoratori (Tag der Arbeit)
2. Juni Festa della Repubblica (Tag der Republik)
24. Juni San Giovanni Battista (Turiner Feiertag zu Ehren des Stadtpatrons, Johannes des Täufers)

15. August Ferragosto (Mariä Himmelfahrt)
1. Nov. Ognissanti (Allerheiligen)
8. Dez. Immacolata Concezione (Mariä Empfängnis)
25./26. Dez. Natale (Weihnachten)

FESTE UND EVENTS

FEBRUAR/MÄRZ
Storico Carnevale di Ivrea
Von Sonntag bis Faschingsdienstag wird in historischen Kostümen mit Orangen um sich geworfen.
www.storicocarnevaleivrea.it

MAI BIS SEPTEMBER
Settimane Musicali di Stresa
Eine hochkarätig besetzte Konzertreihe klassischer Musik am Lago Maggiore.
www.stresafestival.eu

JULI
Collisioni
Pop- und Rockkonzerte im Schlosshof von Barolo
www.collisioni.it

SEPTEMBER
Palio di Asti
Historische Umzüge und Pferderennen in Asti.
3. Wochenende • www.palio.asti.it

OKTOBER
Palio degli Asini
Mittelaltermarkt und Eselrennen in Alba.
1. Wochenende

OKTOBER/NOVEMBER
Fiera Internazionale del Tartufo Bianco d'Alba
Verkostungen, Ausstellungen und Events rund um den weißen Trüffel.
www.fieradeltartufo.org

Salone Internazionale del Gusto

Bei der Lebensmittelmesse, die von der Slow-Food-Bewegung in geraden Jahren im Lingotto von Turin organisiert wird, geht es um Qualitätsprodukte aus der ganzen Welt. Monatsende • www.salonedelgusto. com

NOVEMBER BIS JANUAR

ContemporaryArt Torino Piemonte

Im Winter wird Turin zu einem Museum für zeitgenössische Kunst unter freiem Himmel mit Veranstaltungen in den Museen und Lichtinstallationen in der ganzen Stadt. www.contemporarytorinopiemonte.it

GELD

Geldautomaten gibt es in fast allen Orten an Banken und Postämtern. In der Regel fallen beim Abheben Gebühren an. Zahlen mit Bank- oder Kreditkarte (Maestro, Visa, Mastercard, selten American Express oder Diners) ist bei Beträgen ab 10 € üblich, Bargeld darf nur bis 3000 € angenommen werden.

LINKS UND APPS

LINKS

www.piemonteitalia.eu

Die offizielle Tourismus-Website der Region Piemont mit umfangreichen Informationen auf Deutsch.

www.distrettolaghi.it/de

Der Tourismusverband des Lago Maggiore, des Orta-Sees und der Ossola-Täler informiert über Veranstaltungen und Wanderrouten in den Regionen.

valgrande.piemont-trekking.com

Tim berichtet in seinem Blog regelmäßig aus seiner Wahlheimat, dem Naturparadies Valgrande zwischen Lago Maggiore und Domodossola.

livinginthelanghe.wordpress.com

Vor ein paar Jahren haben sich die Engländer Richard und Allegra den italienischen Traum erfüllt, sind in die Langhe gezogen und bloggen seither munter über Reisen, Events Landschaft und Wein (Englisch).

APPS

Osterie d'Italia

Der konkurrenzlose kulinarische Reiseführer für alle Italienfans. iOs • ganz Italien 14,99 €, Piemont und Aostatal 3,99 €

MEDIZINISCHE VERSORGUNG

KRANKENVERSICHERUNG

Die Vorlage der Europäischen Krankenversicherungskarte (EHIC) ist ausreichend. Als zusätzlicher Versicherungsschutz empfiehlt sich der Abschluss einer Auslandskrankenversicherung, da diese auch Krankenrücktransporte mitversichert.

KRANKENHÄUSER

Ein »ospedale« gibt es in allen größeren Städten, z. B. Turin, Asti, Alba, Bra, Biella, Cuneo, Verbania und Vercelli. Bei kleineren gesundheitlichen Problemen sind die für Urlauber eingerichteten ärztlichen Notdienste »guardia medica turistica« die richtigen Ansprechpartner. Bei der Notaufnahme im Krankenhaus (»pronto soccorso«) erfolgt die Behandlung nach Dringlichkeit der Erkrankung.

APOTHEKEN

Die »farmacie« sind in der Regel Mo–Fr von 9–12 und 16–20 Uhr geöffnet, Sa von 9–12 Uhr und nur in größeren Städten auch am Nachmittag. Aushänge informieren über den Apothekennotdienst (»farmacie di turno«).

NEBENKOSTEN

1 Tasse Kaffee (Espresso)	1 €
1 Cappuccino	1,20 €
1 Glas Bier	3 €
1 Glas Cola	2,50 €
1 Glas Hauswein	2–4 €
1 Schachtel Zigaretten	5 €
1 Liter Benzin	1,50–1,80 €
Mietwagen/Tag	ab 35 €

NOTRUF

Euronotruf: Tel. 112 (Polizei, Feuerwehr, Rettungsdienst)

POST

Die Briefkästen in Italien sind rot. Briefmarken sind auf der Post und in Tabakläden (»tabacchino«) erhältlich, ein Brief oder eine Postkarte nach Deutschland, Österreich und in die Schweiz kostet 0,95 €.

RAUCHEN

Das Rauchen in Restaurants, Bars und Lokalen ist streng verboten und wird mittlerweile auch kaum noch toleriert. Lediglich auf Balkonen und Restaurantterrassen darf noch geraucht werden, wenn es Aschenbecher gibt. In Hotels sind keine Raucherzimmer vorhanden.

REISEDOKUMENTE

Deutsche, Österreicher und Schweizer benötigen einen gültigen Reisepass oder Personalausweis, Kinder unter 16 Jahren einen eigenen Pass oder Personalausweis.

REISEKNIGGE

Selbst wenn es noch so warm ist, sollte man kein Gotteshaus schulterfrei betreten. In Restaurants der gehobenen Klasse sollte man zumindest Antipasti oder einen Gang bzw. zwei Gänge ordern. Einen Cappuccino außerhalb der Frühstückszeit zu bestellen ist ebenso unüblich wie Sekt auf Eis zu trinken. In Restaurants wird kein Trinkgeld erwartet, außerdem wird die Rechnung nie getrennt abgerechnet.

REISEZEIT

In Oberitalien herrscht Kontinentalklima mit warmen Sommern und kalten, niederschlagsreichen Wintern. Doch im Mikroklima des Lago Maggiore ist es immer relativ mild. Am schönsten ist es hier im Frühjahr, wenn alles blüht und grünt. In den Langhe ist es im Herbst besonders reizvoll, wenn die Hügel in kräftigen Herbstfarben leuchten: September und Oktober sind hier Hochsaison. Wandern in den Westalpen kann man von Mai bis Oktober. Mit Ausnahme des heißen Monats August ist Turin das ganze Jahr über einladend.

Klima (Mittelwerte)	JAN	FEB	MÄR	APR	MAI	JUN	JUL	AUG	SEP	OKT	NOV	DEZ
Tagestemperatur	4	7	13	18	23	27	30	28	24	17	9	5
Nachttemperatur	-2	0	4	8	13	16	19	18	15	9	4	0
Sonnenstunden	3	4	5	6	7	7	8	7	6	4	3	2
Regentage pro Monat	3	4	6	8	9	10	6	6	5	7	7	5

STROM
In Italien gibt es 220 Volt Wechselstrom. Die Steckdosen sind verschieden, Adapter bekommt man in jedem Supermarkt, aber Eurostecker für Handys, Laptops und Rasierapparate passen fast immer.

TELEFON
VORWAHLEN
D, A, CH ▸ Italien 0039
Italien ▸ D 0049
Italien ▸ A 0043
Italien ▸ CH 0041
In Italien ist die Null der Ortsvorwahl fester Bestandteil der Telefonnummer und wird immer mitgewählt, auch nach der Landesvorwahl.

HANDYS
Handynummern beginnen immer mit 3 und werden ohne 0 angewählt. Die Netzabdeckung mit schnellen UTMS-Verbindungen ist vorzüglich, lediglich in einsamen Bergtälern gibt es oft nicht ausreichend viele Sendemasten. Einen Datentarif fürs Ausland sollte man schon von zu Hause aus buchen, sonst könnten hohe Verbindungsentgelte für mobiles Internet anfallen.

TIERE
Hunde und Katzen benötigen zur Einreise einen EU-Heimtierausweis (vom Tierarzt) mit Nachweis einer Tollwutimpfung. Außerdem müssen sie durch einen Mikrochip identifizierbar sein.

VERGÜNSTIGUNGEN
TORINO+PIEMONTE CARD
Die speziell für Urlauber entwickelte Rabattkarte gewährt freien Eintritt in fast allen staatlichen und regionalen Museen des Piemont. Außerdem können in Turin gegen Aufpreis die öffentlichen Nahverkehrsmittel und der Flughafenbus genutzt werden, Die Tickets gibt es bei fast allen Tou-

ENTFERNUNGEN (IN KM) ZWISCHEN WICHTIGEN ORTEN

	Alessandria	Asti	Cuneo	Domodossola	Mailand	Novara	Saluzzo	Sestriere	Turin	Verbania
Alessandria	–	38	138	167	96	72	114	185	91	145
Asti	38	–	106	192	123	97	81	150	56	170
Cuneo	138	106	–	291	248	222	32	192	97	268
Domodossola	167	192	291	–	128	101	266	287	176	42
Mailand	96	123	248	128	–	53	198	269	175	106
Novara	72	97	222	101	53	–	173	221	96	78
Saluzzo	114	81	32	266	198	173	–	86	78	225
Sestriere	185	150	192	287	269	221	86	–	104	251
Turin	91	56	97	176	175	96	78	104	–	154
Verbania	145	170	268	42	106	78	225	251	154	–

rismusämtern und online unter www.turismotorino.org .
Tageskarte mit dreimal freiem Eintritt 23 €, 2-Tage-Ticket 35 €, 39,50 € mit Netzkarte für Busse und Bahnen in Turin, 3-Tage-Ticket 42 €, 48 € mit Netzkarte für Busse und Bahnen in Turin

VERKEHR

AUTO UND MOTORRAD

Im Piemont wird für italienische Verhältnisse sehr besonnen gefahren. **Tankstellen** sind über die Mittagszeit meist geschlossen. Benzin am Tankautomaten ist in der Regel günstiger, aber nicht immer funktionieren ausländische Karten.
In Italien herrscht außerorts **Lichtpflicht**. Fluoreszierende Warnwesten sind im Fahrzeug mitzuführen.
Das **Tempolimit** liegt innerhalb von Ortschaften bei 50 km/h, außerhalb bei 90 km/h, auf Schnellstraßen bei 110 km/h und auf Autobahnen bei 130 km/h. Die Strafen bei Geschwindigkeitsüberschreitungen sind sehr hoch. Die **Promillegrenze** beträgt 0,5 mg/ml.
Parken ist auf weiß markierten Stellplätzen kostenlos, auf blau markierten gebührenpflichtig (1–2 € pro Stunde). Gelbe Markierungen weisen auf Sonderparkplätze hin.

BAHN

In Italien werden Zugfahrkarten vor der Fahrt gelöst und an teilweise schwer auffindbaren gelben Stempelautomaten entwertet. Vor allem ab Alessandria, Asti, Fossano und Novara bieten sich die schnellen Zugverbindungen nach Turin für einen Tagesausflug an. Mehr Informationen und Fahrpläne unter www.sfmtorino.it

BUS

Regionalbusverbindungen nach Turin und in andere Städte des Piemont findet man unter www.extrato.it.

BOOT

Das mit Abstand schönste öffentliche Transportmittel am Lago Maggiore sind die Ausflugsboote. Preise, Fahrpläne und weitere Informationen zu den Schiffsverbindungen unter www.navigazionelaghi.it.

MIETWAGEN

An Flughäfen und in großen Städten sind Mietwagen im Angebot. Eine Reservierung von zu Hause aus ist empfehlenswert, z. B. bei www.sunnycars.de. Für Leihwagen ist eine auf den Fahrer ausgestellte Kreditkarte vorgeschrieben.

ÖFFENTLICHER NAHVERKEHR

In **Turin** werden Busse und Straßenbahnen von der Verkehrsgesellschaft GTT betrieben (www.gtt.to.it).
Am **Lago Maggiore** bietet VCO Trasporti Liniendienste entlang dem Seeufer, von und zum Lago d'Orta und bis nach Locarno an (www.vco trasporti.it).

ZOLL

Deutsche und Österreicher dürfen Waren für den persönlichen Gebrauch abgabenfrei ein- und ausführen. Richtmengen gelten jedoch für Tabak (800 Zigaretten), Alkohol (110 l Bier) und Kaffee (10 kg). Einzelheiten im Internet unter www.zoll.de und www.bmf.gv.at/zoll.
Schweizer dürfen Waren im Wert von 300 SFr abgabenfrei mitnehmen. Tabakwaren und Alkohol bleiben in gewissen Mengen abgabenfrei, siehe www.zoll.ch.

Orts- und Sachregister

Wird ein Begriff mehrfach aufgeführt, verweist die **halbfett** gedruckte Zahl auf die Hauptnennung. Abkürzungen: Hotel [H], Restaurant [R]

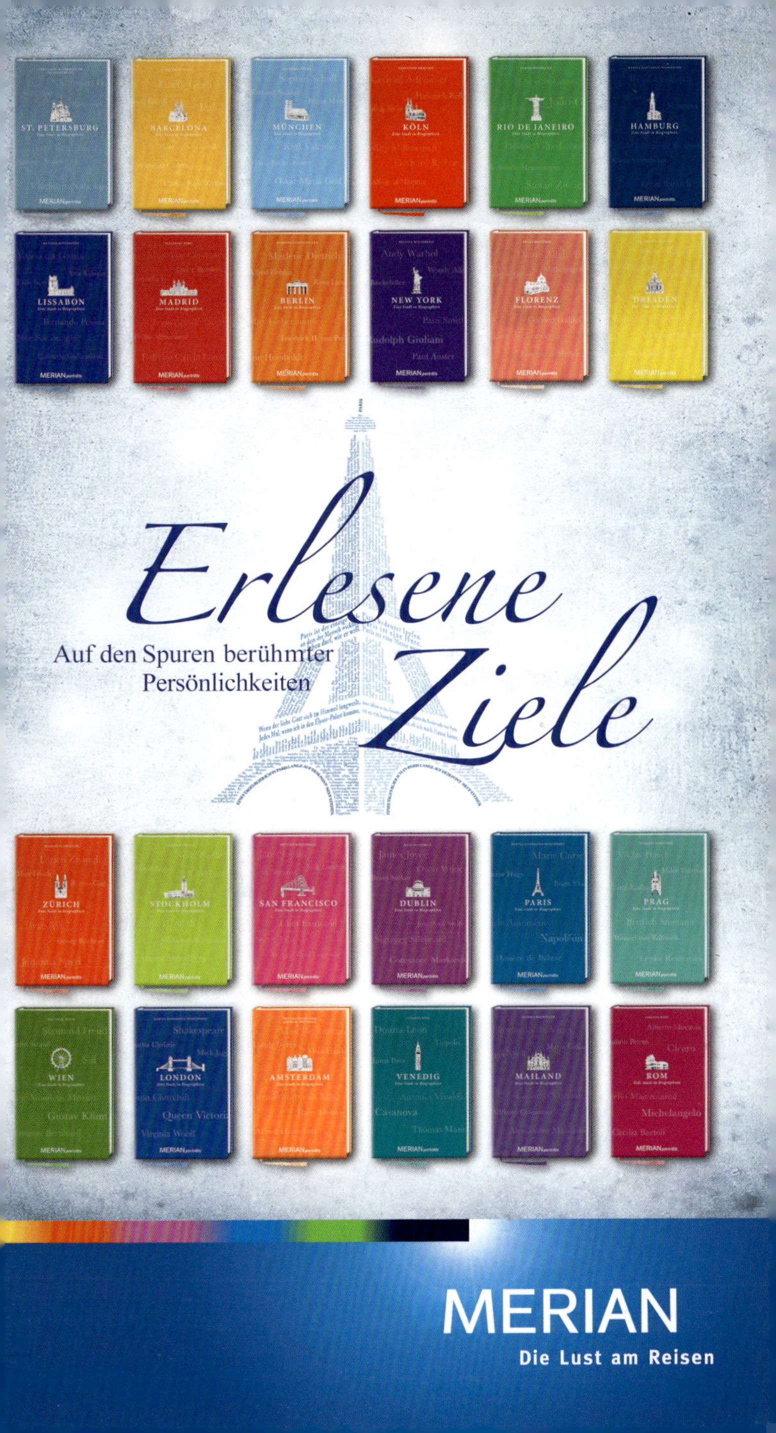

Erlesene Ziele

Auf den Spuren berühmter
Persönlichkeiten

MERIAN
Die Lust am Reisen

Liebe Leserinnen und Leser,
vielen Dank, dass Sie sich für einen Titel aus unserer Reihe MERIAN *live!* entschieden haben. Wir freuen uns, Ihre Meinung zu diesem Reiseführer zu erfahren. Bitte schreiben Sie uns an merian-live@travel-house-media.de, wenn Sie Berichtigungen und Ergänzungen haben – und natürlich auch, wenn Ihnen etwas ganz besonders gefällt.
Alle Angaben in diesem Reiseführer sind gewissenhaft geprüft. Preise, Öffnungszeiten usw. können sich aber schnell ändern. Für eventuelle Fehler übernimmt der Verlag keine Haftung.

© **2016 TRAVEL HOUSE MEDIA GmbH, München**
MERIAN ist eine eingetragene Marke der GANSKE VERLAGSGRUPPE.

1. Auflage

Alle Rechte vorbehalten. Nachdruck, auch auszugsweise, sowie die Verbreitung durch Film, Funk, Fernsehen und Internet, durch fotomechanische Wiedergabe, Tonträger und Datenverarbeitungssysteme jeglicher Art nur mit schriftlicher Genehmigung des Verlages.

BEI INTERESSE AN DIGITALEN DATEN AUS DER MERIAN-KARTOGRAPHIE:
kartographie@travel-house-media.de

BEI INTERESSE AN MASSGESCHNEI-DERTEN MERIAN-PRODUKTEN:
veronica.reisenegger@travel-house-media.de

BEI INTERESSE AN ANZEIGEN:
KV Kommunalverlag GmbH & Co KG
Tel. 0 89/9 28 09 60
info@kommunal-verlag.de

TRAVEL HOUSE MEDIA
Postfach 86 03 66
81630 München
merian-live@travel-house-media.de
www.merian.de
Tel. 0 89/4 50 00 99 41

VERLAGSLEITUNG
Susanne Kronester
REDAKTION
Sylvia Hasselbach
LEKTORAT UND SATZ
Jessika Zollickhofer, Thomas Rach
www.bintang-berlin.de
BILDREDAKTION
Dr. Nafsika Mylona
HERSTELLUNG
Gloria Schlayer, Bettina Häfele
REIHENGESTALTUNG
La Voilà, Marion Blomeyer & Alexandra Rusitschka, München und Leipzig (Coverkonzept, Ergänzungen Innenteil)
Independent Medien Design, Horst Moser, München (Innenteil)
KARTEN
Kunth Verlag GmbH & Co. KG
für MERIAN-Kartographie
DRUCK UND BINDUNG
Printer Trento, Italien

Ein Unternehmen der
GANSKE VERLAGSGRUPPE

PEFC/18-31-506

BILDNACHWEIS
Titelbild (Seeterrassen in Orta San Giulio), Bildagentur Huber: Gräfenhain
Agentur Bilderberg: H. Madej 47, 93 • Anzenberger Agency: T. Anzenberger 65 • Bildagentur Huber: M. Carassale 7m, 66, D. Erbetta 80, 83, 103, Kaos01 15, R. Massimo 2, B. Pipe 71, M. Ripani 34 • Caffè al Bicerin 25 • Corbis: M. Verin/SOPA RF 88 • dpa Picture Alliance 41 • fotolia.com: R. Glinsky 56, mocav 38, 112/113, M. Saracco 9, 107, stefanopez 87, ueuaphoto 4 • Fry1989/CC BY-SA 3.0 116r • gemeinfrei 116l, 117l, 117r • Getty Images: Moment 7u, 110, Photolibrary 44 • ICH S.A.S./San Giovanni Resort 20 • JAHRESZEITEN VERLAG: Lisa + Nils Preston-Schlebusch 32/33 • laif: R. Celentano 52, contrasto 22, H. Edd 74, M. Galli 99, F. Heuer 17, 90, H.-B. Huber 30, M. Kirchgessner 26, 28, 48, 59, H. Krinitz 7o, I. Kuerschner 104/105, J. Schwarz 60, H. D. Zinn 6, 100 • look-foto: age fotostock 18/19, I. Pompe 11 • Fabio Lotti 55 • mauritius images: alamy 14, 16, 37, 79, 108, 114 • Schapowalow: M. Ripano/SIME 62, A. Serrano/SIME 96 • seasons.agency: Jalag/H. Lehmann 69 • vario images: RHPL 13